60歳を迎えた人の

厚生年金・国民年金
Q&A

－繰上げ支給から在職老齢年金まで－

(株)服部年金企画　編

2024年
6月
改訂版

ビジネス教育出版社

はじめに

令和6年度の年金額は、下表の通りです。

給付内容	平成16年改正法基準額	令和6年度	
		S31.4.2以後生まれ 年金改定率 1.045	S31.4.1以前生まれ 年金改定率 1.042
老齢基礎年金	780,900円	816,000円	813,700円
配偶者加給 (S18.4.2以降生)	390,500円	408,100円	408,100円
加給年金　第1子・第2子	224,700円	234,800円	234,800円
〃　　（第3子以降）	74,900円	78,300円	78,300円
障害基礎年金　　　2級	780,900円	816,000円	813,700円
〃　　　　　1級	976,100円	1,020,000円	1,017,125円
遺族基礎年金　　子1人	1,005,600円	1,050,800円	1,048,500円
中高齢寡婦加算	585,700円	612,000円	－

※配偶者加給・加給年金は、生年月日にかかわらず同額です。

目　　次

第1章　年金常識─────────────

■Q＆A

第2章　国民年金

第3章　厚生年金

第5章　在職老齢年金

第6章　障害年金

第7章 遺族年金

第8章　年金生活者支援給付金

第9章　受給手続きと各種の書式────────

第 1 章

年 金 常 識

Q なぜ公的年金はできたのか

●社会全体で高齢者世代を支えるため

① かつて公的年金がなかった時代、高齢になり働けなくなったときは、子供や家族による私的扶養や、個人的な貯蓄等によって老後生活を送っていました。

② しかし、時代の進展とともに核家族化や少子高齢化が進み、家族内の私的扶養や、個人の貯蓄によって長い老後生活を送ることが難しくなってきました。

③ このような事情から、社会全体で助け合って高齢者や、心身に障害のある人、一家の働き手を失った遺族などの生活を支え合う制度として生まれたのが公的年金です。

④ 公的年金には、国民年金と厚生年金があります。社会全体で支え合う制度ですから、法律によって加入が義務付けられており、日本に住んでいる人（外国人も含む）または一定の事業所で働いている人は強制加入です。

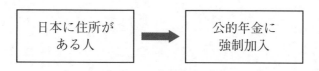

日本に住所が
ある人 ⟶ 公的年金に
強制加入

サラリーマン家庭の主婦が加入する年金制度を何というか

 ●夫は厚生年金で、妻は国民年金

① わが国の年金制度には、「厚生年金」と「国民年金」があります。このうち、民間会社や諸官庁で働く人が加入するのが厚生年金です。また、自営業や農業に従事する人や、専業主婦が加入するのが国民年金です。

② サラリーマンの夫が加入するのは「厚生年金」ですが、同時に、「国民年金」の加入者でもあります。したがって、夫は厚生年金と国民年金の二つの年金の加入者となるのです。

③ 専業主婦の妻が加入する年金は「国民年金」ですが、加入できる年齢は「20歳から60歳になるまで」です。その理由は、国民年金の強制加入年齢が、20歳から60歳になるまでだからです。

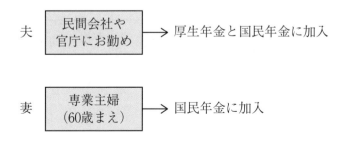

Q 諸官庁に就職した人が加入するのは、厚生年金か共済年金か

A ●加入するのは厚生年金

① 平成27年9月までの話です。「民間会社にお勤めの人は厚生年金、諸官庁にお勤めの公務員は共済年金」。これが民間会社や諸官庁にお勤めの人が加入する年金制度だったのです。

② それが変わったのは平成27年10月のことでした。厚生年金と共済年金の一元化が実現し、公務員の年金は、「共済年金」から「厚生年金」に変わりました。したがって、正解は、「民間会社にお勤めの人も、諸官庁にお勤めの人も、加入する年金は厚生年金」となったのです。

③ 参考までにつけ加えますと、昭和61年4月から年金制度が変わり、「20歳から60歳未満の人は、全員が国民年金に強制加入」となりましたので、厚生年金の加入者は「厚生年金と国民年金に同時加入」というのが、正確な答えと言えましょう。

4

Q 厚生年金に加入するときの手続きは、誰が行うのか

A ●加入手続きは就職先の事業所が行う

①　会社や官庁に就職し、厚生年金に加入するときの手続き、あるいは、国民年金だった人が就職して厚生年金の被保険者になるときの手続きは、就職先の担当者が年金事務所で行います。

②　大学生のときに国民年金に加入した人が、会社に就職し、厚生年金に加入するときの手続きについて触れますと、つぎのようです。就職先の会社に、国民年金に加入していたときの「年金手帳または基礎年金番号通知書」を提出します。そうしますと、就職先の事業所が国民年金の「基礎年金番号」を用いて、厚生年金の加入手続きをします。

〔国民年金の人が、会社勤めをしたとき〕

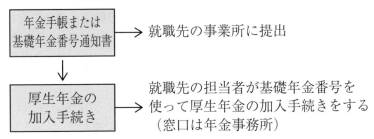

年金手帳または基礎年金番号通知書　→　就職先の事業所に提出

厚生年金の加入手続き　→　就職先の担当者が基礎年金番号を使って厚生年金の加入手続きをする（窓口は年金事務所）

Q 20歳になった学生は国民年金に「強制加入」か「任意加入」か

A ●学生も国民年金に強制加入

① 学生と国民年金の加入について解説しますと、つぎのよう
です。学生も20歳になったら、国民年金に加入しなければい
けません。年金用語でいいますと国民年金の「強制加入者」なのです。
学生が強制加入者となったのは平成3年4月からです。

② 平成3年3月までは、20歳以上の学生は国民年金の「任意加入者」で
した。加入するかしないかの選択は、本人の自由でした。平成3年3月
までに任意加入した学生は少なく、約1％といわれています。

③ 平成3年4月以降20歳になった学生は、市町村役場に出向いて資格取
得の届出を提出することになっていました。しかし、令和元年10月から
は本人からの届出を不要とし、日本年金機構が自動的に資格取得の手続
きをとることになりました。20歳になり資格を取得した人には、日本年
金機構から国民年金に加入したことの通知や、基礎年金番号通知書が送
られてきます。

〔学生も20歳になったら国民年金に加入〕

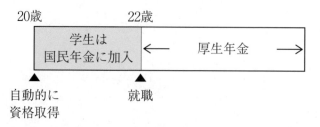

6

老後に支給される年金の名称を何というか

A ●老齢基礎年金は国民年金から、老齢厚生年金は厚生年金から支給

① **国民年金の加入者** 自営業に従事する人や、サラリーマン家庭の専業主婦のように国民年金に加入した人が受給する老後の年金を「老齢基礎年金」といいます。

② **厚生年金の加入者** 厚生年金の加入者は、同時に国民年金の加入者でもありますから、厚生年金と国民年金の両方から老後の年金を受給できます。厚生年金から支給される年金を「老齢厚生年金」といい、国民年金から支給される年金を「老齢基礎年金」といいます。

〔国民年金や厚生年金の加入者に支給される老後の年金〕

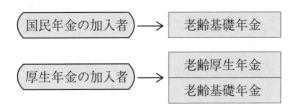

Q 老後の年金のほかに、どんな年金があるか

A ●病気やケガをすると障害年金

厚生年金や国民年金に加入中の人が、病気になったり、ケガをしたりしますと「障害年金」が支給されます。その場合、国民年金から支給される障害年金を「障害基礎年金」といい、厚生年金から支給される障害年金を「障害厚生年金」といいます。

なお、厚生年金に加入中の人は国民年金の加入者でもありますから、支給される障害年金は、「障害基礎年金」と「障害厚生年金」です。

●働き手が亡くなると遺族年金

①　厚生年金や国民年金の加入者が亡くなりますと、残された遺族に「遺族給付」が支給されます。18歳になった年の年度末までの子がいますと、国民年金から「遺族基礎年金」が支給されます。

②　厚生年金に加入中の夫が亡くなったり、厚生年金を受給中の夫が亡くなりますと、妻に「遺族厚生年金」が支給されます。遺族厚生年金は厚生年金から支給される年金です。

③　念のためつけ加えますと、18歳になった年の年度末までの子がいないときは国民年金を受給中の夫が亡くなっても、妻に遺族基礎年金が支給されることはありません。なお、国民年金の保険料を自分で納めている人（第1号被保険者という）が年金受給前に亡くなりますと、残された遺族に「死亡一時金」または「寡婦年金」が支給される場合があります。

Q 何年の加入で老後の年金を受給できるか

●以前は25年の加入年数が必要だった

　　10年の加入で老後の年金を受給できるようになったのは、平成29年8月以降の話で、平成29年7月以前は「25年」の加入年数がないと、老後の年金を受給することができませんでした。

パターン①　**国民年金だけ、厚生年金だけの人は25年の加入**

←────────	国民年金だけ 厚生年金だけ 　25年	────────→

パターン②　**国民年金や厚生年金やカラ期間との合算で25年の加入**

カラ期間 5年	国民年金 15年	厚生年金 5年

●カラ期間とは

①　国民年金に加入する、加入しないは本人の希望でよいとされた「任意加入者」のときに、加入しなかった期間を「カラ期間」といいます。代表的なのが、昭和61年3月までのサラリーマンの妻や、平成3年3月までの学生の期間などです。

②　カラ期間は受給資格期間には入りますが、年金額には反映しません。

9

「10年の加入」で老後の年金を受給できる（平成29年8月以降）

A ●厚生年金、国民年金、カラ期間との合算でもよい

① 老後の年金を受給するためには「25年の加入」が必要でした。それが、「10年の加入」でよいとなったのです（平成29年8月以降）。この措置は、加入年数が25年に足りなくて、年金を受給できなかった人にも適用されます。

② 55歳のA子さんは53歳のとき、厚生年金に加入しましたので「2年」が経過しました。この他に、国民年金にも「3年」加入していますから、「5年」の年金歴があります。したがって、「あと5年」厚生年金に加入すれば国民年金との合算で「10年の加入」となり、老齢厚生年金も老齢基礎年金も受給できます。

③ 59歳のB子さんは、三度にわたって「10年3ヵ月」、厚生年金に加入しました。B子さんも老齢厚生年金と老齢基礎年金を受給できます。

18歳				60歳
厚生年金 3年	未加入	厚生年金 2年3月	未加入	厚生年金 5年

④ 85歳のC子さんは、厚生年金を4年かけていましたが、カラ期間を含めても22年で、「25年」に足らず厚生年金を受給できませんでした。

C子さんも「10年加入」の措置で4年分の老齢厚生年金と老齢基礎年金を平成29年8月から受給できるようになりました。

Q 厚生年金や国民年金は、何歳になると受給できるか

A ●厚生年金の支給は60歳から65歳に

① 厚生年金は60歳支給、国民年金は65歳支給というように、厚生年金と国民年金とでは、年金の支給開始年齢が違っていました。それを厚生年金の支給開始年齢を徐々に引き上げて65歳支給とし、国民年金の支給開始年齢と同じにすることになったのです。

② それと同時に、国民年金で採用されていた60歳からの「繰上げ支給」を厚生年金にも導入することになりました。

●65歳支給が完全実施されるのはいつからか

厚生年金は徐々に65歳支給になるのですが、それが実現するのは、男子と女子とで異なります。男子は「昭和36年4月2日以降生まれ」の人ですが、女子は「昭和41年4月2日以降生まれ」の人です。

なお、女子の場合、支給年齢が男子より5年遅れの人とは民間会社で働く女子で、公務員（共済組合）の女子は男子と同じ支給年齢です。

●50歳より若い人の年金支給開始年齢は、どうなるか？

65歳支給が完全実施されたのちに、65歳を迎える人達には、65歳支給を遅らせて「67歳支給」、あるいは「68歳支給」にするという「支給開始年齢」の改正が行われるかもしれません。

そうなっても、「繰上げ支給」の制度は残ると考えられます。

Q 「繰上げ支給」をすると、「60歳受給」も可能に

A ●厚生年金を繰上げて60歳から受給すると、国民年金も60歳支給に

① 61歳〜64歳支給の厚生年金の「報酬比例部分」の年金を繰上げて60歳から受給しますと、同時に65歳支給の「国民年金」も、「60歳支給」となります。

② 繰上げ支給をするときは、厚生年金と国民年金は同時に繰上げ受給することになっています。

厚生年金の支給開始年齢

生 年 月 日	60歳到達の年月日	男子		女子	
		定額	報酬	定額	報酬
昭32.4.2〜33.4.1	平29.4.1〜30.3.31	65歳	63歳	65歳	60歳
〃33.4.2〜34.4.1	〃30.4.1〜31.3.31	〃	63〃	〃	61〃
〃34.4.2〜35.4.1	〃31.4.1〜令2.3.31	〃	64〃	〃	61〃
〃35.4.2〜36.4.1	令2.4.1〜3.3.31	〃	64〃	〃	62〃
〃36.4.2〜37.4.1	〃3.4.1〜4.3.31	報酬も定額も65歳支給		〃	62〃
〃37.4.2〜38.4.1	〃4.4.1〜5.3.31			〃	63〃
〃38.4.2〜39.4.1	〃5.4.1〜6.3.31			〃	63〃
〃39.4.2〜40.4.1	〃6.4.1〜7.3.31			〃	64〃
〃40.4.2〜41.4.1	〃7.4.1〜8.3.31			〃	64〃
〃41.4.2以降	〃8.4.1以降			〃	65〃

Q 新入社員に交付されていた年金手帳の表紙はオレンジ色か青色か

●平成９年以降に交付された年金手帳の表紙は「青色」

① テレビで「年金の話」がでるたびに、「オレンジ色」の表紙の年金手帳と、「青色」の表紙の年金手帳とが放映されます。松原さんは大学生だった20歳のときに国民年金に加入しました。松原さんに交付された年金手帳の表紙の色は「青色」でした。

② 戦後のことです。厚生年金の加入者に交付されたのは年金手帳ではなく、１枚の紙で「被保険者証」といっていました。それが「オレンジ色」の表紙の年金手帳になったのは、昭和49年のことでした。

③ その後、平成９年１月に「基礎年金番号」が、公的年金に導入されたのと同時に、年金手帳の表紙の色が「オレンジ色」から「青色」に変わったのです。以上のようですから平成９年１月以降に国民年金に加入した松原さんに交付された年金手帳は、表紙が「青色」なのです。

〔平成９年１月から年金手帳の表紙の色は「青色」に〕

| 表紙の色（オレンジ色） | →平成９年１月→ | 表紙の色（青色） |

④ 厚生年金の人も同様で、平成９年１月以降に、民間会社に就職し初めて年金に加入した人に交付された年金手帳の表紙も「青色」です。

Q これからも「年金手帳」が交付されるか

A ●令和4年4月以降は「基礎年金番号通知書」に

① 令和4年3月までは、20歳になったとき、あるいは20歳前に初めて厚生年金に加入したときは年金手帳が交付されていました。

② かつては、就職時、住所変更、氏名変更、年金請求時等、その都度年金手帳の添付が求められました。しかし、現在は手続きが簡素化され、「基礎年金番号を明らかにする書類」があれば手続きができるようになり、手帳という形式は必要なくなりました。

③ こうした変化をふまえ、令和4年4月以降新たに年金に加入する人には年金手帳は発行されず、「基礎年金番号通知書」カードサイズ（黄色）のみが交付されるようになりました。

④ 令和4年3月以前に交付された年金手帳は、令和4年4月以降も「基礎年金番号を明らかにする書類」として、利用できます。

令和4年4月1日

| 年金手帳の交付 | ⟹ | 基礎年金番号通知書の交付 | カードサイズ（黄色） |

Q 基礎年金番号は年金加入者の固有番号で、一生、変わらない

A ●基礎年金番号は「10桁」の数字で構成

① 年金手帳には該当者の「氏名、生年月日、性別」の他に年金番号が記載されています。この年金番号のことを「基礎年金番号」といい、「10桁」の数字で構成されています。そして、この基礎年金番号を用いて年金受給の手続きなどをするわけですが、基礎年金番号は「一人、一生」で死ぬまで変わることはありません。

> 2110-123456 　── 基礎年金番号

② 基礎年金番号「2110-123456」のうち、始めの4桁の「2110」を記号といい、どこの年金事務所の管轄なのかを示すものです。あとの6桁の「123456」は受付番号で、個人に付けられた番号です。

**厚生年金から国民年金に変わっても
基礎年金番号は変わらない**

会社員のA子さんは同僚と結婚し、専業主婦になりましたので、「厚生年金」から「国民年金」に変わりました。この場合、基礎年金番号は、加入する年金制度が変わっても「同じ番号」のままです。

Q 「ねんきん定期便」はなぜ送られてくるのか

A ●年金加入記録を確認してもらうため

① 平成18年から19年にかけて、「宙に浮いた5,000万件の年金記録」、「消えた年金記録」など、基礎年金番号に登録されていない年金記録モレが大きな政治問題になりました。

② そこで政府は、平成20年に年金受給者、年金加入者全員に「年金特別便」を送付して、加入記録を確認してもらいました。さらに、平成21年4月以降は、年金加入者全員に「ねんきん定期便」を送るようになりました。

③ ねんきん定期便の目的は、年金加入記録に「モレや誤り」がないかを確認してもらい、年金制度に対し理解と信頼を深めてもらうためです。

④ もし、「モレや誤り」があるときは、定期便に記載してある「ねんきん定期便・ねんきんネット専用ダイヤル（TEL0570-058-555）」へ問い合わせます。

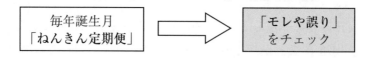

Q 59歳の人に届く「ねんきん定期便」は、「ハガキサイズ」か「水色封書入り」か

A ●59歳の人には「水色封書入り」で

59歳の人に届く「ねんきん定期便」は「封書（A4サイズ）」で届きます。中身の資料は「ハガキサイズ」の「ねんきん定期便」よりも、多いです。なお、「35歳、45歳」の人に届く「ねんきん定期便」も、封書入りで届きます。

●年金相談会で役立つ「ねんきん定期便」

① 金融機関で「年金相談会」を開きますと、「ねんきん定期便」を持参して、「年金受給後も会社で働くと厚生年金はどうなるか」とか、「繰上げ、繰下げ支給は得か損か」といった質問を受ける場合が多いです。

② その場合、「ねんきん定期便」がありますと、相談者の質問に答えやすいです。金融機関で年金業務に専念する職員（年金専担者）や、金融機関で年金相談をする社労士の先生方は、「ねんきん定期便」を用いて年金相談ができるように心掛けてください。

> **ねんきん定期便を見れば、厚生年金の支給年齢や支給額が分かる**
>
> 厚生年金に加入した人の「ねんきん定期便」には、特別支給の老齢厚生年金の「支給年齢」や「支給額」が載っています。

Q 60歳の3ヵ月前に「老齢年金のご案内」や、「年金加入期間確認のお願い」が届く人とは

A ● 「老齢年金のご案内」は、年金支給が65歳の人に

① 国民年金だけに加入した人や、厚生年金の加入期間が「1年未満」の人に支給される年金は、原則65歳支給です。

② 年金の支給開始が「65歳支給」の人には、60歳の3ヵ月前になりますと「老齢年金のご案内（ハガキサイズ）」が届きます。内容は、「65歳になる3ヵ月前に年金請求書を送ります。」とか「保険料の未納期間がある場合は60歳から65歳になるまでの間、国民年金に任意で加入できます。」というものです。

● 「年金加入期間確認のお願い」とは

① 老後に支給される年金を受給するためには、「10年」の加入年数が必要です。それなのに、加入した年金の加入年数が10年に足りなくて、「老後の年金」を受給できない人がいます。

② 10年の加入年数に欠ける人は、年金事務所や街角の年金相談センターにおもむき、「受給資格の相談」を受けるようにとのアドバイスが「年金加入期間確認のお願い（ハガキサイズ）」なのです。該当者に届くのは「60歳」の「3ヵ月」前です。

Q 年金の請求と時効

A ●年金の時効は５年

① **初めての請求** 年金は請求しなければもらえません。年金を請求するときの時効は５年です。請求手続きが遅れた場合５年以内の年金は遡って支給されますが、「５年より前の年金」は時効でもらえません。例えば、厚生年金に３年と、国民年金に35年加入した主婦が、68歳のときに62歳支給の厚生年金を請求しますと、５年前の63歳のときまで遡及して、厚生年金を受給できます。しかし、時効で１年分損をします。

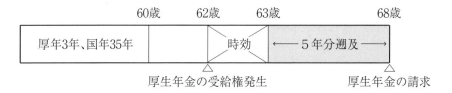

② **10年の加入で受給権を得た人の年金** 10年加入の法改正で厚生年金の受給権を得た75歳のＡ夫さんは、令和元年７月に厚生年金の請求をしました。この場合、遡及できるのは、「平成29年８月以降」の支給分で、５年の遡及ではありません。理由は、10年の加入で年金が受給できるようになったのが、「平成29年８月」だからです。

③ **加入記録もれの厚生年金は、受給権発生時まで遡及する** 26年かけた厚生年金を、60歳のときから受給している次郎さんは85歳です。この次郎さんは、高校を出て、「約１年」かけた厚生年金が「加入記録もれ」になっていました。この加入記録もれ厚生年金の受給手続きをしますと、60歳のときまで、遡及して受給できます。85歳から60歳までといえば25年です。１年の厚生年金が年額４万円だとしますと、25年では100万円になります。

④ 受給権発生時まで遡及して年金を受給できるのは、日本年金機構に登録してある年金記録の訂正に基づく措置だからです。この措置を「年金時効の特例」といい、平成19年７月６日から施行されました。

| 18歳 | | | 60歳 | | 85歳 |

| 厚年１年 | 未加入 | 厚生年金26年 | ←　遡及　→ |

　└─加入記録もれ　　　　　　　　　　　　　　受給権発生　　　　　　請求

┌─────────────────────────────────┐
│ **加入記録もれになっている厚生年金を見つけて、受給手続きをすると** │
│ │
│ ① 「加入記録もれ」になっている厚生年金を見つけて、年金支給に結びつけますと、感謝されます。 │
│ │
│ ② 金融機関の職員がお手伝いをすると「年金口座」の獲得に結びつきます。 │
└─────────────────────────────────┘

Q 厚生年金の受給手続きはどのように行うのか

A ●受給手続きは「年金請求書」で

① 民間会社で厚生年金に加入した人が年金を受給するときは、「年金請求書」を「年金事務所」に提出します。この年金請求書は支給開始年齢の3ヵ月前になりますと、日本年金機構から受給者本人に送られてきます。

② 年金請求書が届きましたら必要事項を記入し、添付書類を添えて「年金事務所」に提出します。提出するのは、支給開始年齢の誕生日の前日以降です。年金事務所では年金請求書の記載内容を点検し、年金額などを算出し、年金受給者に「年金証書」を送付します。以上の段階を経て、年金が支給されるのです。

〔年金請求書を提出すると、年金証書が届く〕

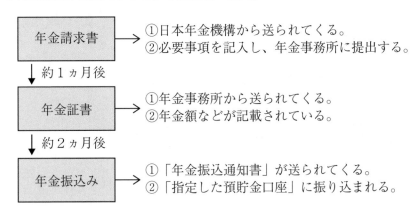

| 年金請求書 | → | ①日本年金機構から送られてくる。
②必要事項を記入し、年金事務所に提出する。 |

↓ 約1ヵ月後

| 年金証書 | → | ①年金事務所から送られてくる。
②年金額などが記載されている。 |

↓ 約2ヵ月後

| 年金振込み | → | ①「年金振込通知書」が送られてくる。
②「指定した預貯金口座」に振り込まれる。 |

21

Q 受給手続きをする前に、年金事務所でアドバイスを

A ●注意事項

① 年金の受給手続きは受給者本人が行うことになっています。しかし、受給者からの「委任状」があれば、身内の人や、友人や、社会保険労務士も、受給者に代わって受給手続きができます。

② なお、受給手続きをする日は、年金の受給権が発生した日以降となっています。

③ 受給手続きは、「年金請求書」で行うことになっていますが、戸籍謄本などの添付書類が必要な場合があります。「どんな添付書類が必要なのか」、年金事務所あるいは「老齢年金請求者専用ダイヤル（0120-08-6001）」に確認すると良いでしょう。

〔年金相談窓口〕

国民年金 -----市区町村の国民年金課

厚生年金 -----民間会社の人は年金事務所
公務員は共済組合（年金事務所でも可）

Q 厚生年金や国民年金の支払月は奇数月か偶数月か

A ●年金の振込月は偶数月

① 年金は日銀を経由して各金融機関に振込まれ、つづいて年金受給者の年金口座に振込まれるわけですが、振込月は2月、4月、6月、8月、10月、12月の「年6回」です（定時払い）。

② 年金受給者が年金口座から年金を受け取ることができるのは「15日」ですが、15日が、土曜日、日曜日、祭日のときは、その直前の営業日に年金受給者の年金口座に振込まれます。

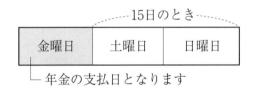

③ 年金は2ヵ月分ずつ支給されますが「後払い」です。例えば6月15日に支給される年金は、「4月分と5月分」の年金です。

④ 金融機関で年金業務を担当している人が「アッ」と驚くことがあります。それが「奇数月の年金振込み」です。この現象は初めて年金の受給手続きをしたときなどに起きます（随時払い）。

第 2 章

国 民 年 金

国民年金の基礎知識

●国民年金の歴史

① 自営業や農業の人を対象にした国民年金が発足したのは「昭和36年4月」です。25年後の「昭和61年4月」に年金制度の改正が行われ、国民年金から支給される年金を「基礎年金」と呼ぶようになりました。平成29年8月1日から原則「25年」だった受給資格期間が「10年」に短縮されました。

② 国民年金は「個人を単位」にした年金制度です。ですから、夫も強制加入、妻も強制加入としたのです。

③ 国民年金が発足したとき、自営業などの人の20歳から60歳になるまでを強制加入とし、その間、25年の加入があれば「老齢年金」、厚生年金や共済年金やカラ期間を併せて25年のときは「通算老齢年金」を支給するとしたのです（受給資格の原則）。

　その後、年金法が改正され、昭和61年4月から国民年金の老後の年金を「老齢基礎年金」と呼ぶようになりました。

国民年金の基礎知識

●すべての人が国民年金に加入（昭和61年４月）

① 昭和61年４月以降に60歳を迎えた人とは、「大正15年４月２日以降」に生まれた人です。この人達は、国民年金に強制加入となり、老後に受給できる年金の名称は「老齢基礎年金」になりました。

② すべての人が「国民年金に加入」となりましたので、厚生年金の人は、厚生年金と国民年金の２つの年金に加入することになりました。その結果、厚生年金の人は65歳になりますと、厚生年金から「老齢厚生年金」を、国民年金から「老齢基礎年金」をもらえるようになったのです。

老齢厚生年金	→	厚生年金から支給されます
老齢基礎年金	→	国民年金から支給されます

●60歳から65歳になるまでは任意加入

国民年金に加入できる年齢は「20歳から60歳になるまで」です。加入年数が40年に不足する人は、「60歳から65歳になるまで」（40年（480月）になるまで）国民年金に任意加入ができます。

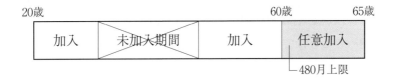

国民年金の基礎知識

●保険料の決め方

　国民年金の保険料の決め方は、基準となる保険料「17,000円」に、賃金や物価の変動に応じて算出された「保険料改定率」を掛けて決めます。1月末頃に翌年度の保険料が決まります。

保険料の決め方

17,000円×保険料改定率

●保険料免除

①　自営業などの人（第1号被保険者）は、自分で保険料を納めなければなりません。そうは言っても、収入の少ない人もいます。その人達のために設けられたのが「保険料免除や保険料猶予」の制度です。保険料免除には、法律で決まっている「法定免除」と、申請によって決まる「申請免除」とがあります。

②　免除された保険料であっても、後から納めることができます。これを保険料の「追納」といいます。追納できるのは「10年」前までの免除期間の保険料です。

　追納ができるのは、「保険料免除期間」と「保険料猶予期間」です。保険料を納め忘れた「未納期間」の保険料は、2年を過ぎますと納めることはできません。

国民年金の基礎知識

●保険料免除には４つのタイプがある

　保険料免除には、全額免除、半額免除、4分の1免除、4分の3免除の4通りがあります。免除期間にも老齢基礎年金が支給されます。支給額は一律ではありません。

●学生には保険料猶予

① 　20歳以上の学生が申し出れば、保険料を猶予してもらうことができます。免除や猶予してもらった保険料は、後からでも納められます（追納）。追納できるのは10年前までの保険料免除・猶予期間の保険料です。

② 　20歳以上50歳未満のフリーターも、年収が低いと保険料猶予の対象になります。

●保険料の前納

① 　年度が変わりますと保険料も変わりますが、その保険料額が決まるのは１月末です。それと同時に、保険料を前納する人の受付が始まります。前納できる保険料は２年先までの保険料です。例えば、４月から翌年の３月まで１年間の保険料を口座振替により前納する申込みは、２月末日までですから、期日に遅れないように注意してください。

② 　前納保険料の納付方法には口座振替と現金納付とがありますが、口座振替の方が割引額は多いです。

Q 免除が受けられる「所得」の目安はいくらか

A ●免除を受けられる「所得」の目安

免除に該当するかどうかは、前年の所得で判断されます。

申請をする本人だけではなく、配偶者・世帯主いずれも次の表の額以下の場合に該当します。

免除を受けるための「所得」の目安　　　　　　　（単位：万円）

免除等の種類／世帯構成	全額免除 納付猶予	一部免除		
		3/4免除	半額免除	1/4免除
４人世帯 （夫婦、子ども２人の場合）	172 (257)	202 (300)	242 (357)	282 (407)
２人世帯 （夫婦のみの場合）	102 (157)	126 (191)	166 (248)	206 (305)
単身世帯	67 (122)	88 (143)	128 (194)	168 (251)

（　）内は収入額

＊表は標準的なモデルをもとに計算しています。　　　　　日本年金機構 HP より

●平成21年4月から、免除期間の年金の支給率が変わった

老齢基礎年金の国からの補助が、「３分の１」から「２分の１」に引上げられました。これに伴って、平成21年４月以降の免除期間の老齢基礎年金額が有利になりました。

	令和６年度 保険料	老齢基礎年金	
		平成21.3月以前	平成21.4月以降
全　額　免除	—	６分の２支給	８分の４支給
４分の３　免除	4,250円	６分の３支給	８分の５支給
半　額　免除	8,490円	６分の４支給	８分の６支給
４分の１　免除	12,740円	６分の５支給	８分の７支給
猶予（学生など）	—	ゼ　ロ	ゼ　ロ

国民年金の基礎知識

●老齢基礎年金の算出式（令和６年度）

昭和31年４月２日以後生まれ

$$816,000円 \times \frac{保険料納付月数 + 免除月数 \times (7/8 \sim 1/3)}{480月}$$

昭和31年４月１日以前生まれ

$$813,700円 \times \frac{保険料納付月数 + 免除月数 \times (7/8 \sim 1/3)}{480月}$$

① 保険料納付月数は以下の通りです。保険料免除期間のある人は、免除月数に p.30の支給率を掛けて計算します。

```
保険料納付月数

・国民年金の第１号被保険者として保険料を納めた月数
・厚生年金（共済組合を含む）に加入した期間のうち、昭和36
 年４月以降の20歳以上60歳未満の月数
・国民年金の第３号被保険者期間の月数
```

② 上記の計算式は、昭和16年４月２日以後生まれの人が対象です。

③ 付加保険料を納めた人は，付加年金が支給されます。

付加年金の年金額＝200円×付加保険料納付月数

国民年金の基礎知識

●老齢基礎年金の計算式が生年月日でなぜ違うのか

① 年金受給者の年金額は、前年の物価や賃金水準の変動に応じて改定されます。その改定ルールが平成16年の法律改正で、新しく制定されました。

現在の年金額改定ルール

・新規裁定者は賃金変動率、既裁定者は物価変動率を基準にする。
・物価変動率が賃金変動率を上回るときは、ともに賃金変動率を基準にする。
・年金財政の安定の見通しがつくまでの間、年金額が増額改定のときは、前年度額を下回らない範囲で「マクロ経済スライド」で給付額を調整する。

---

② 新規裁定者とは、法律上の本来の支給開始年齢である65歳到達年度者をいいます。しかし、賃金変動率の実績が出るのが２年遅れで、かつ、数字の平準化のため３年平均をとることになっています。このため67歳以下の人を新規裁定者といいます。

③ 既裁定者とは68歳以上の人です。令和５年度は、昭和31年４月２日以降生まれの人が新規裁定者、昭和31年４月１日以前生まれの人が既裁定者でした。

④ 令和６年度は、新規・既裁定者ともに同一の賃金変動率を基準に改定されましたが、令和５年度の改定率の違いから、令和６年度も生年月日により年金額が異なります。

国民年金の基礎知識

●毎年の年金額は、平成16年改正法の基準額に改定率をかけて改定する

①　現在の年金額改定方法は、平成16年改正で定められた基準額に、その年の物価と賃金の変動による年金改定率をかけて改定されます。平成16年改正法で定められた老齢基礎年金の基準額は780,900円です。

②　毎年の老齢基礎年金額は、基準額の780,900円に、前年度の年金改定率にその年の改定率を掛けた年金改定率をもとに算出されます（100円未満四捨五入）。

③　令和6年度の昭和31年4月2日以後生まれの人の老齢基礎年金は、前年の改定率1.018にマクロ経済スライド後の賃金改定率1.027をかけた1.045で計算されます。その結果、令和6年度の年金額は816,000円となりました。

昭和31年4月2日以後生まれの人の老齢基礎年金額

老齢基礎年金　　平成16年基準額　　年金改定率（前年度改定率×令和6年度改定率）
816,000円 ＝ 780,900円 × 1.045（1.018 × 1.027）

④　令和6年度の昭和31年4月1日以前生まれの人の老齢基礎年金は、前年の改定率1.015にマクロ経済スライド後の賃金変動率1.027をかけた1.042で計算されます。その結果、令和6年度の年金額は、813,700円となりました。

昭和31年4月1日以前生まれの人の老齢基礎年金額

老齢基礎年金　　平成16年基準額　　年金改定率（前年度改定率×令和6年度改定率）
813,700円 ＝ 780,900円 × 1.042（1.015 × 1.027）

国民年金の基礎知識

● 「マクロ経済スライド」による調整とは

① 平成16年の法律改正までは，物価や賃金の上昇に応じて年金額が増えていました。ところが，少子高齢化社会となり，年金加入者が減少し平均余命が伸びたことによって，年金財政を圧迫するようになりました。

② このような状況の下、年金財政を長期的に安定させる仕組みとして、導入されたのが「マクロ経済スライド」です。

③ このマクロ経済スライドという仕組みは少子化による公的年金被保険者数の減少と，高齢化に伴う給付費の増加を年金額の伸びから差し引いて調整するものです。

④ 令和6年度の年金額は、賃金の伸び率 +3.1％からマクロ経済スライドにより▲0.4％調整され、前年度に比べ +2.7％となりました。

令和6年度の「年金額を改定する率」

+3.1%

賃金

調整率 ▲0.4%

改定率を改定する率
+2.7%

老齢基礎年金の繰上げ支給

●繰上げ支給とその歴史

① 昭和36年4月に国民年金制度が発足したとき、「65歳」支給としました。その当時、厚生年金は「60歳」支給でしたので、国民年金には「繰上げ支給」の制度を設け、希望すると60歳からでも受給できることとしました。

② 当時の繰上げ支給率は、60歳支給58％、61歳支給65％、62歳支給72％、63歳支給80％、64歳支給89％と年齢単位でした。

③ その後、平均寿命が延びましたので、昭和16年4月2日以降生まれの人から支給率が改善されました。支給率も月単位に代わり、65歳より1ヵ月早く受給するごとに0.5％減額となりました。60歳支給の場合は5年（60月）早く受給しますので、70％〔30％減額（0.5％×60月）〕です。

④ さらに、令和4年4月1日以後に60歳になる昭和37年4月2日以後生まれの人から支給率が改善されました。65歳より1ヵ月早く受給するごとに0.4％減額です。60歳支給の場合76％支給です〔24％減額（0.4％×60月）〕。

⑤ 生年月日で繰上げ支給率が異なりますので注意が必要です。

老齢基礎年金の繰上げ支給

●60歳から受給すると（昭和37年４月１日以前生まれの人）

① 65歳支給の老齢基礎年金を60万円として、この問題を検証します。60万円の老齢基礎年金を60歳から受給しますと、70％支給ですから、「42万円」です。

② この42万円を60歳から65歳になるまでの５年間受給しますと、210万円（42万円×５年）になります。しかし、この30％減額（18万円）は一生続きますから、65歳から100％で受給したときと比べますと、受給総額はいずれ逆転します。

③ つまり、60歳のときに老齢基礎年金の繰上げ支給をしますと、65歳になるまでの210万円の老齢基礎年金を先取りして受給できますが、65歳からの受給額は、毎年、18万円ずつ少ないです。計算してみますと、繰上げ支給をしたときから**16年９ヵ月後**に、受給総額は逆転します。

支給年齢	支給率	支 給 額	総受給額逆転年月
60歳	70％	420,000円	76歳９ヵ月
61歳	76％	456,000円	77歳９ヵ月
62歳	82％	492,000円	78歳９ヵ月
63歳	88％	528,000円	79歳９ヵ月
64歳	94％	564,000円	80歳９ヵ月
65歳	100％	600,000円	――

改正後の繰上げ支給

●60歳から受給すると（昭和37年４月２日以後生まれの人）

① 36ページと同じように65歳支給の老齢基礎年金を60万円として、この問題を検証します。60万円の老齢基礎年金を60歳から受給しますと、76%支給ですから、「45.6万円」です。

② この45.6万円を60歳から65歳になるまでの５年間受給しますと、228万円（45.6万円×５年）になります。しかし、この24%減額（14万４千円）は一生続きますから、65歳から100%で受給したときと比べますと、受給総額はいずれ逆転します。

③ つまり、60歳のときに老齢基礎年金の繰上げ支給をしますと、65歳になるまでの228万円の老齢基礎年金を先取りして受給できますが、65歳からの受給額は、毎年、14.4万円少ないです。計算してみますと、繰上げ支給をしたときから**20年11ヵ月後**に、受給総額は逆転します。

支給年齢	支 給 率	支 給 額	総受給額逆転年月
60歳	76.0%	456,000円	80歳11ヵ月
61歳	80.8%	484,800円	81歳11ヵ月
62歳	85.6%	513,600円	82歳11ヵ月
63歳	90.4%	542,400円	83歳11ヵ月
64歳	95.2%	571,200円	84歳11ヵ月
65歳	100.0%	600,000円	——

老齢基礎年金の繰下げ支給

●繰下げ支給は 1 ヵ月当たり「0.7%」増額に

① 65歳から受給する老齢基礎年金を、遅らせて受給することを「繰下げ支給」といいます。

② 繰下げ支給は、最低 1 年以上遅らせて66歳以降受給することになっています。繰下げ支給をしますと、1 ヵ月当たり「0.7%」増えますので、66歳では8.4%（0.7% ×12月）増額された年金が一生支給されます。

③ 繰下げ支給ができるのは、70歳まで（最大42%=0.7%×60月）でしたが、令和 4 年 4 月以降70歳になる昭和27年 4 月 2 日以降生まれの人からは、75歳（最大84%=0.7%×120月）まで繰下げ支給ができることになりました。1 ヵ月当たり0.7% の増額率は同じです。

④ 65歳から受給したときと、繰下げ支給をしたときの受給総額は、受給したときから11年11ヵ月後に逆転します。たとえば、70歳から受給したときは、81歳11ヵ月のときです。75歳から受給したときは86歳11ヵ月で逆転します。

⑤ 年金の支給開始年齢は、繰上げ支給を含めると60歳から75歳の範囲で選択できます。「何歳から受給すればよいか」の損得勘定は、本人の寿命次第ということになります。

Q 国民年金加入者の被保険者種別はどうなっているか

A ●国民年金加入者（強制加入者）には、第1号・第2号・第3号の3種類がある

種　　別	被　保　険　者	保　険　料
第1号被保険者	20歳～60歳未満の自営業者や、夫の健康保険を使えない妻や、学生など	自分で保険料を納める
第2号被保険者	厚生年金に加入している65歳未満の人	加入している年金制度から納める
第3号被保険者	厚生年金に加入している人（夫）の被扶養配偶者（妻）で20歳～60歳未満の人（年収130万円未満）	配偶者の加入している年金制度から納める

●**任意加入者には、60歳以上65歳未満の人と、海外生活をしている日本人に適用される2種類がある**

① 「60歳以上65歳未満」の人のうち、厚生年金に加入していない人は、国民年金の「任意加入」をすることができます。任意加入ができるのは、20歳から60歳になるまでの間に保険料を納めなかった期間のある人です。なお、老齢基礎年金の「繰上げ支給」をしますと、任意加入はできなくなります。

② 外国生活をしている20歳以上65歳未満の日本人は任意加入です。このうち、任意加入しなかった20歳以上60歳未満の期間は「カラ期間」になり、年金額には反映しませんが10年の受給資格期間には含まれます。

Q 第1号被保険者とは、どんな人か

●無職の人も、学生さんも「第1号被保険者」

① 　第1号被保険者とは、自営業や農業などに従事している人をいいます。別の表現を借りますと、会社勤めをしていない人や、公務員でない人をいうのです。

② 　このなかには、無職の人や、遺族年金や障害年金を受給している人や、学生やフリーターの人も含まれます。ただし、「20歳以上60歳未満の人」という年齢制限があります。

●第1号被保険者には、保険料免除の制度がある

① 　第1号被保険者のなかには、収入の少ない人や、収入の全くない人もいます。この人達は申請をしますと、所得に応じて国民年金保険料の一部、あるいは全部を免除してもらうことができます。

② 　なかでも、生活保護法に基づく「生活扶助」を受けている人や、障害基礎年金を受給している人は、申し出れば国民年金の保険料は、法律に基づいて「全額免除（法定免除）」になります。

Q 第2号被保険者とは、どんな人か

A ●厚生年金の加入者を国民年金の第2号被保険者という

A夫さんは民間会社にお勤めですから厚生年金の加入者です。A夫さんは、国民年金の第2号被保険者です。公務員のB夫さんは、平成27年10月の共済年金と厚生年金の一元化で、共済年金から厚生年金に変わった人です。B夫さんも、国民年金の第2号被保険者です。

●専業主婦が会社勤めをすると、被保険者種別は第3号被保険者から第2号被保険者に

① A子さんは55歳の専業主婦ですから、国民年金の第3号被保険者です。子育ても終わったA子さんは会社勤めをすることになりましたので、厚生年金の加入者になりました。

② その結果、A子さんは第3号被保険者から第2号被保険者に種別が変わりました。その届出はA子さんではなく、勤務先の事業所が行います。

専業主婦 第3号被保険者	厚生年金 第2号被保険者

△
種別変更の届出は勤務先の事業所

Q 第3号被保険者とは、どんな人か

A

●第3号の代表例が専業主婦の国民年金

① 第3号とは国民年金の被保険者につけられた種別で、正確には「第3号被保険者」といいます。

② 第3号被保険者は、厚生年金加入者に扶養されている20歳以上60歳未満の配偶者です。扶養されている配偶者とは、年間収入が130万円（障害年金3級相当以上の障害者は180万円）未満で、健康保険の被扶養者と同じ基準です。

③ 第3号被保険者の保険料は、夫が加入している厚生年金制度の方で負担していますので、本人は保険料を納めなくとも「老齢基礎年金」を受給できます。

④ ただし、第3号被保険者になれるのは、夫が65歳になるまでです。厚生年金に加入している夫が65歳になったとき、妻が60歳未満のときは第1号被保険者になりますので、60歳になるまで自分で国民年金の保険料を納めることになります。

自営業や農業の人	⇨ 第1号被保険者
厚生年金の人	⇨ 第2号被保険者
20歳から60歳未満の専業主婦	⇨ 第3号被保険者

Q 厚生年金の夫が58歳で退職。夫婦の年金はどうなるか

 A ●夫も妻も国民年金の第1号被保険者

① 56歳の専業主婦です。58歳の夫が退職し自営業（税理士業）を始めました。私達、夫婦の国民年金はどうなりますか。

② 58歳の夫が会社を退職し、厚生年金の被保険者でなくなりますと、58歳の夫も、56歳の妻も60歳になるまでは、国民年金の「第1号被保険者」になります。

③ その場合、国民年金の保険料を納めませんと、保険料未納期間になります。保険料未納期間は、年金の受給資格期間にも、年金の支給対象期間にもなりません。

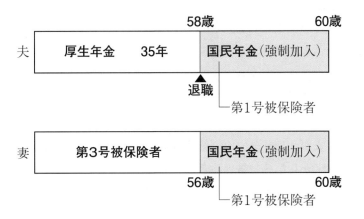

A

●**第１号被保険者の妻が、第２号被保険者や第３号被保険者になったとき**

① A子さんは自営業者の妻ですから、第１号被保険者です。A子さんが就職をし厚生年金の加入者になりますと、第１号被保険者から第２号被保険者になります。そのときの種別変更の手続きは、勤務先の事業所を通じて年金事務所で行います。

② 夫が自営業をやめて会社勤めをしますと、A子さんはサラリーマンの妻になりますから、第１号被保険者から第３号被保険者になります。そのときの種別変更の手続きは、夫の勤務先の事業所が行います。

●**第２号被保険者の妻が、第１号被保険者や第３号被保険者になったとき**

① B子さんは厚生年金の加入者ですから第２号被保険者です。B子さんが退職したとき夫が自営業（第１号被保険者）ですと、第２号被保険者から第１号被保険者になります。そのときの種別変更の手続きはB子さん本人が市区町村役場または年金事務所で行います。

② しかし、夫がサラリーマン（第２号被保険者）ですと、B子さんは第２号被保険者から第３号被保険者になります。そのときの種別変更の手続きは、夫の勤務先の事業所が行います。

●第３号被保険者の妻が、第１号被保険者や第２号被保険者になったとき

① 　C子さんは専業主婦で夫は厚生年金ですから、C子さんは第３号被保険者です。夫が60歳になるまでに退職をし、第２号被保険者から第１号被保険者になりますと、C子さんも第３号被保険者から第１号被保険者になります。そのときの種別変更の手続きは、夫とC子さんが市区町村役場で行います。

② 　第３号被保険者のC子さんが就職をして会社員になりますと、第３号被保険者から第２号被保険者になります。そのときの種別変更の手続きは勤務先の事業所を通じて、年金事務所で行います。

変更前の妻の種別	変更後の妻の種別	種別変更の手続き
第１号被保険者 （A子さん）	第２号被保険者に 第３号被保険者に	A子さんの事業所 夫の事業所
第２号被保険者 （B子さん）	第１号被保険者に 第３号被保険者に	本人 夫の事業所
第３号被保険者 （C子さん）	第１号被保険者に 第２号被保険者に	本人 C子さんの事業所

60歳以降に任意加入するときの手続き

① 　60歳以降、国民年金に任意加入するとき、手続きを行うのは本人です。手続き先は、市区町村役場（または年金事務所）です。

② 　任意加入を希望する人は、基礎年金番号がわかる書類と印鑑と預貯金通帳を持参して市区町村役場にお出かけ下さい。申込み用紙は国民年金課にあります。

Q 60〜64歳で退職したサラリーマン、国民年金に任意加入できるか

A ●退職後、65歳になるまでは任意加入できる

① 私は厚生年金に38年加入したサラリーマンです。63歳で退職しますが、退職後、国民年金に任意加入できるでしょうか。

② あなたのように63歳で退職したときは、65歳になるまで国民年金に任意加入し、65歳支給の老齢基礎年金を増やすことができます。任意加入の受付窓口は市区町村の国民年金課です。なお、国民年金の「繰上げ支給」をしますと、任意加入はできなくなります。

●**国民年金の任意加入は有利な制度**

　例えば、63歳で退職したサラリーマンが65歳になるまで国民年金に任意加入しますと、65歳から老齢基礎年金を受給できます。そして、「75歳になるまで」10年受給しますと、掛けた保険料は戻ってきます。

　平均寿命が80歳を超えた現状から判断しますと、国民年金の任意加入は、有利な制度といえます。

60歳まえの退職　退職したのが60歳まえのとき、退職してから60歳になるまでは国民年金の「第1号被保険者（強制加入）」です。国民年金の保険料を納めませんと、60歳になるまでは、保険料未納期間になります。

	退職		60歳
厚生年金		第1号被保険者	

60歳で退職　退職したのが60歳のとき、20歳以降の年金加入期間が40年（480月）に不足するときは、40年（480月）になるまで国民年金に任意加入することができます。ただし、任意加入ができるのは65歳になるまでです。

	60歳（退職）		65歳
厚生年金		任意加入	

60〜64歳での退職　例えば63歳で退職したとき、63歳までは厚生年金の被保険者ですから、国民年金に任意加入できません。63歳から65歳になるまでは、国民年金に任意加入できます。

60歳		63歳（退職）		65歳
厚生年金			任意加入	

Q 令和6年4月からの国民年金保険料は月額
「16,980円」

A ●保険料は「17,000円×改定率」で決まる
　　令和6年4月からの国民年金保険料は月額16,980円です。
この額は、法定保険料17,000円を基準額とし、その額に令和
6年度の保険料改定率0.999をかけて算出した額です（10円未満四捨五
入）。

$$算出式 = 17,000円 \times 0.999 ≒ 16,980円$$

●**保険料が免除になるかどうかの判断は「免除申請書」で**

① 　保険料免除には、保険料の「全額免除」、「半額免除」、「4分の1免
除」、「4分の3免除」があります。どの免除に該当するかは、本人とそ
の配偶者、ならびに、世帯主の所得で判断します（p.30）。

② 　手続きは、「国民年金保険料免除申請書」で行います。窓口は市区町
村役場の国民年金課または年金事務所です。

〔免除期間の保険料〕

	令和4年度	令和5年度	令和6年度
全額納付	16,590円	16,520円	16,980円
4分の1免除	12,440円	12,390円	12,740円
半額免除	8,300円	8,260円	8,490円
4分の3免除	4,150円	4,130円	4,250円
全額免除	0円	0円	0円

Q 保険料の前納をすると、割引きがある

 A ●口座振替による前納申込みの締め切りは２月末日

① 口座振替による保険料の前納には、４月から９月までの「６ヵ月分」の前納と、４月から翌年の３月までの「１年分」の前納と、４月から翌々年の３月までの「２年分」の前納とがあり、いずれも申込みは「２月末日まで」となっています。これとは別にあるのが、当月分の保険料を、その月の月末までに納付する「早割」と、８月までに申込みますと、10月から翌年の３月までの「６ヵ月分」を前納できる納付方法があります。

② この保険料前納に用いる用紙名を「国民年金保険料口座振替納付（変更）申出書兼国民年金保険料口座振替依頼書」といい、市区町村役場の国民年金課に行けば、入手できます。

納付方法		１ヶ月分	６ヶ月分	１年分	２年分
月々納付		16,980円	101,880円	203,760円	413,880円
前納	現金納付〔割引額〕		101,050円〔830円〕	200,140円〔3,620円〕	398,590円〔15,290円〕
	口座振替〔割引額〕	16,920円〔60円〕	100,720円〔1,160円〕	199,490円〔4,270円〕	397,290円〔16,590円〕

③ 保険料は、現金納付や口座振替、クレジットカードなどで納める方法があります。まとめて納める前納を利用することで、割引きされるしくみになっています。

Q 保険料は何年まえまで納められるか

A ●未納期間は２年、免除期間は10年

① 国民年金の保険料は、原則として翌月末日までに納付することになっています。しかし、遅れた場合でも「保険料を納付する時効」の期間内なら納付することができます。

② 保険料の未納期間と、保険料の免除期間とでは「時効」が異なります。未納期間の時効は２年ですが、免除期間や猶予期間の時効は10年です。

③ 生活保護法の生活扶助を受けていた人や、障害年金（１級ならびに２級）を受けていた人は「法定免除」といって、あとから申し出ても10年まえまでの保険料は「追納」できます。

| 未 納 保 険 料 | ⇨ 時効は２年 |

| 免 除 保 険 料
猶 予 保 険 料 | ⇨ 時効は10年 |

Q 学生には保険料猶予の特例がある

●窓口は市区町村役場

① 学生が、国民年金保険料を「猶予」してもらうときは「国民年金保険料学生納付特例申請書」に、在学証明書または学生証を提示して住民票のある市区町村役場または最寄りの年金事務所に提出します。在学中の学校等でできる場合もあります。以上の手続きは、卒業するまで毎年、行なわなければなりません。

② 猶予してもらった保険料は、社会人になってから「追納」ができます。追納できるのは、10年まえまでの猶予期間です。猶予期間を追納しませんと、年金として受給できません。ここが保険料免除期間と異なるところです。

③ 年金として受給できなくても、受給資格期間にはなりますから、社会人になり、猶予期間と厚生年金の合算年数で「10年」あれば、老後の年金の受給資格期間を満たすことができます。

〔**保険料猶予期間は受給資格期間になるが、老齢基礎年金は支給されない**〕

保険料の猶予期間	→	①受給資格期間になる。 ②障害基礎年金・遺族基礎年金の支給対象期間になる。 ③老齢基礎年金の年金額には入らない。

51

受給資格期間の25年を10年に短縮（平成29年8月）

A

● 10年の加入があれば「老後の年金」を受給できる

① 厚生年金や国民年金に加入した人が「老後の年金」を受給
するためには、厚生年金、国民年金、カラ期間との合算年数
で「25年」の加入が必要でした。

② この「25年」という受給資格期間は、一定額以上の年金額を確保する
というために設定されました。しかし、「25年」を満たしていない無年
金者や、その予備軍が多数存在するところから「10年」の加入でよいと
なったのです。この受給資格期間短縮の措置は「平成29年8月」から行
われることになりました。

25年の加入 ——平成29年8月から→ 10年の加入

③ 例えば、厚生年金に7年加入した人が、その厚生年金を受給するため
には、あと3年必要です。この3年は国民年金の加入期間で補ってもよ
いです。あるいは、カラ期間で補ってもよいのです。兎にも角にも10年
あれば老後の年金は保障されるのです。

Q 厚生年金の8年と国民年金の3年の11年でも年金を
受給できるか

A ●厚生年金と国民年金の合算の10年でもよい

① ご主人と食堂を営んでいる59歳のA子さんは、高校を出て
掛けた厚生年金の8年と、3年まえから加入している国民年
金とで、11年の加入年数があります。このような状態でも厚生年金や国
民年金を受給できるでしょうか。

18歳	26歳	56歳	59歳
厚生年金8年	未加入	国民年金3年	→

② 厚生年金と国民年金に加入した人が「老後の年金」を受給できるかど
うかの判断は、厚生年金と国民年金との合算年数で決めます。合算年数
で「10年」以上あれば、老後の年金を受給できます（平成29年8月か
ら）。A子さんは、厚生年金と国民年金とで「11年」の加入年数があり
ますから、厚生年金も国民年金も受給できます。

カラ期間との合算で10年あればよい

80歳のB子さんは、厚生年金に2年加入した人ですが、加入年数
が不足で無年金者になってしまいました。このB子さんに「カラ期
間」が8年以上あれば、2年の厚生年金は受給できます。

Q 10年加入と25年加入とでは、どんな相違があるか

A ●10年加入の年金受給者が亡くなっても遺族厚生年金 は支給されない

① 70歳のA夫さんは、厚生年金の10年と国民年金の15年とで「25年」の受給資格期間を満たし「老後の年金」を受給している人です。同じ70歳のB夫さんは、厚生年金の8年と国民年金の2年とで「10年」の受給資格期間を満たし「老後の年金」を受給している人です。

② このA夫さんが亡くなりますと、妻に「遺族厚生年金」が支給されます。しかし、B夫さんが亡くなっても、妻に「遺族厚生年金」は支給されません。何故でしょうか。

理由は、A夫さんの厚生年金は「25年」加入の要件を満たし支給されている厚生年金なのに、B夫さんの厚生年金は「10年」加入の「老後の年金」の受給資格期間短縮の改正に基づいて支給される厚生年金だからです。

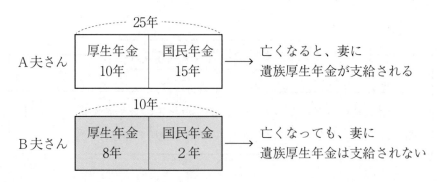

Q 大学生の期間がカラ期間となり、遺族厚生年金を受給できた

 A ●**大学生の未加入期間はカラ期間（平成３年３月まで）**

①　15年位まえ、関西の方の年金研修に講師として行ったときのことです。その研修会場に夫を亡くした奥さんが見えてつぎのように訴えました。「夫を数年前に亡くし、子がいるからと遺族基礎年金を受給していますが、遺族厚生年金は受給していません。厚生年金を19年かけているのに、遺族厚生年金が支給されないのはどうしてですか。」

亡くなった
夫の年金歴

20歳	23歳	42歳	47歳
大学生未加入	厚生年金19年	国民年金5年	

└─ 平３年３月以前はカラ期間　　　△死亡

②　遺族厚生年金が支給されなかったのは、国民年金に加入中の死亡で、かつ、厚生年金と国民年金との合計加入年数が、25年に１年不足していると判断されたからです。でも、この判断には、大学生のときのカラ期間が入っていません。

③　奥さんは、大学生の期間はカラ期間になるのではないかと、社会保険事務所（現年金事務所）の次長さんに訴え、「遺族厚生年金」を遡って受給できるようになりました。

Q 夫が厚生年金で妻が専業主婦のとき、妻の期間はどうなるか

A

●昭和61年4月まえとあとでは、サラリーマンの妻と国民年金との関係は大きく変わった

① **昭和61年3月まで**　夫が厚生年金で、20歳以上60歳未満の妻が専業主婦のサラリーマン家庭で、妻は国民年金の「任意加入者」でした。そんなわけで、国民年金に任意加入しなかった妻もいました。任意加入をしませんと、国民年金を受給できません。しかし受給資格期間には入れるとしました。この期間を「カラ期間」というのです。

② **昭和61年4月以降**　サラリーマン家庭の専業主婦（20歳以上60歳未満）は、昭和61年4月から国民年金の強制加入者となりました。この場合、国民年金の保険料は、厚生年金の加入者が払う厚生年金の保険料で賄うとしましたから、妻は保険料の負担をしなくても、国民年金（老齢基礎年金）を受給できるようになったのです。

〔サラリーマンの妻と国民年金の関係〕

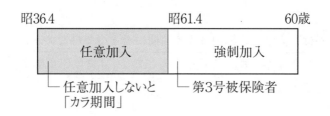

カラ期間の代表例は夫が厚生年金で妻が専業主婦の
とき（昭和61年3月まで）

A

●**カラ期間で多いのは昭和61年3月までの専業主婦の期間**

① 令和6年4月に80歳を迎えたC子さんの「年金物語」で
す。C子さんは結婚まえに掛けた3年の厚生年金と、昭和61
年4月以降に国民年金の第3号被保険者として掛けた18年の国民年金
（老齢基礎年金）を受給している人です。

② C子さんの場合、厚生年金と国民年金に加入したのが21年なのに、60
歳（平成16年）から年金として受給できたのは、昭和61年3月以前の専
業主婦の期間が「合算対象期間（カラ期間）」になったお蔭です。

③ C子さんのように、夫が厚生年金に加入していたサラリーマン家庭
で、主婦が短期加入の厚生年金や国民年金を年金として受給しているの
は、ほとんどの場合、主婦の加入した厚生年金や国民年金と、「カラ期
間」との合算で「25年以上」の受給資格があったからです。

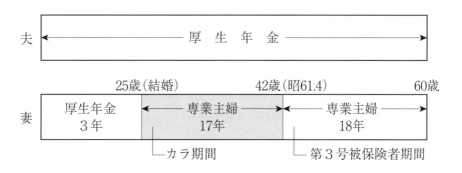

Q 「昭和61年4月以降」の期間でカラ期間となる場合とは

A ●4つのケース

昭和61年4月1日以降の期間で、「カラ期間」と認定される期間には、次のケースがあります。

・**大学生の期間**　大学生が国民年金に強制加入となったのは、平成3年4月1日でそれ以前は任意加入でした。そんなわけで、「昭和36年4月から、20歳をすぎた大学生の平成3年3月まで」の期間のうち、国民年金に任意加入しなかった期間は「カラ期間」となるのです。

・**厚生年金の脱退手当金を受給した期間**　大正15年4月2日以降に生まれた女性のうち、若い頃（昭和53年5月30日以前）にかけた厚生年金を「脱退手当金」として受給した人がいます。この脱退手当金を受給した期間は、年金として受給できませんが、昭和36年4月以降の期間は受給資格期間（カラ期間）になります。

ただし、前提条件があります。前提条件とは、昭和61年4月以降、65歳になるまでの間に、公的年金に加入した期間があるという点です。

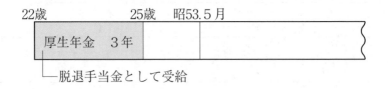

・**海外生活をしていたときの期間**　海外で活躍した人の中には、海外在住の間、厚生年金や、国民年金や、相手国の年金に加入した人がいます。その一方で、どの年金にも加入しなかった人もいます。

　どの年金にも加入しなかった人の「20歳から60歳になるまで」の期間は「カラ期間」になります。これに該当するのは「大正15年4月2日以降」に生まれた人です。

・**第3号不整合期間は「カラ期間」に**

①　専業主婦のD子さんが55歳になったときのことでした。夫が退職し、D子さんは「サラリーマンの妻」ではなくなりました。その場合、D子さんは国民年金の第3号被保険者から第1号被保険者に変わりますので「種別変更」の手続きをしなければなりませんでした。

②　D子さんは、種別変更の手続きをしませんでしたので、夫が退職後も年金の記録上は第3号被保険者のままとなっていたのです。このようなときは、職権で55歳から60歳になるまでの期間を第1号被保険者期間とし、保険料の「未納期間」と認定することにしたのです。

③　この保険料未納期間を「第3号不整合期間」というわけですが、「特定期間該当届」を提出しますと、「未納期間」と認定された期間は、「カラ期間」となります。ただし、カラ期間になるのは昭和61年4月から平成25年6月までの期間です。

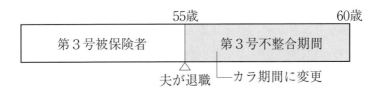

老齢基礎年金はどんな人に支給される年金か

A

●老齢基礎年金は国民年金から支給される年金

① 昭和61年4月の年金改正で、大正15年4月2日以降生まれ の人のうち、「20歳から60歳になるまで」の人は、国民年金 の「強制加入者」となりました。そんなわけで「私の加入した年金は厚生 年金」と主張しても、実際は「厚生年金と国民年金」に加入した人となる のです。

② そして、国民年金から支給する老後の年金を「老齢基礎年金」と呼ぶ ことにしました。その結果、65歳になりますと国民年金の人には「老齢 基礎年金」が、厚生年金の人には「老齢基礎年金」の他に「老齢厚生年 金」が支給されることになったのです。

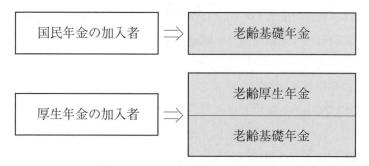

③ 平成27年10月に共済年金と厚生年金の一元化が行われ、共済年金は厚 生年金となりましたが、一元化まえから年金を受給していた人達がいま す。この人の共済年金はどうなったでしょうか。

この人達のうち、65歳以上の人達に支給されていた「退職共済年金」 は、そのまま残りました。

Q 22歳から65歳になるまで厚生年金に加入した人の
老齢基礎年金

 A ●老齢基礎年金は22歳から60歳になるまでの厚生年金
から算出

①　下図のように、22歳から65歳になるまでの43年、厚生年金
に加入した人の老齢基礎年金は「22歳から60歳になるまで」の38年間に
加入した厚生年金から算出します。

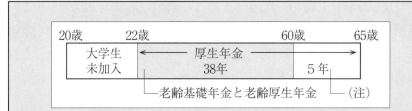

（注）　60歳から65歳になるまでの５年間の定額部分のうち、２年分は
経過的加算部分となり、老齢厚生年金になりますが、３年分は「掛け
捨て」です。理由は定額部分には40年加入の頭打ちがあるからです。

②　昭和31年４月２日以後生まれの方の老齢基礎年金は「775,200円」です。

$$816{,}000円 \times \frac{456月（38年）}{480月（40年）} = 775{,}200円$$

③　昭和31年４月１日以前生まれの方の老齢基礎年金は「773,015円」です。

$$813{,}700円 \times \frac{456月（38年）}{480月（40年）} = 773{,}015円$$

Q 付加年金は有利な年金か

A ●付加年金は老齢基礎年金の上乗せとして支給

① 国民年金の第１号被保険者や任意加入者は、通常の保険料に付加年金の保険料を上乗せして納付することができます。付加保険料を納付しますと、65歳から「付加年金」を受給できます。付加年金は「老齢基礎年金」に上乗せされて支給されます。

② 付加保険料は月額400円です。この「月額400円」の付加保険料を１ヵ月納めますと「200円」の付加年金を受給できます。分かりやすく言いますと「付加保険料を納めた人は、付加年金を２年もらえば納付した保険料は返ってくる勘定」となるのです。

> 付加年金 =200円×付加保険料納付月数

〔例〕・20歳から60歳までの付加保険料……192,000円（400円×480月）
　　　・65歳から受給できる付加年金……96,000円（200円×480月）

③ 付加年金は物価や賃金が変動しても、それに連動して支給額が変わることはありません。付加年金は有利な年金ですが、国民年金基金に加入している人は、付加保険料を含めて基金の保険料を納めていますので、納付することはできません。

Q 第3号被保険者も「付加保険料」を納められるか

●付加保険料を納めることはできない

　第3号被保険者は、付加保険料を納めることはできません。付加保険料を納められるのは、「第1号被保険者」と「任意加入者」として保険料を納めている人です。第1号被保険者でも、保険料免除期間中や納付猶予期間中は納められません。

| 第1号被保険者 |
| 任意加入者 |
⇨ 付加保険料を納められます

| 第2号被保険者 |
| 第3号被保険者 |
⇨ 付加保険料を納められません

60〜64歳で任意加入した人は付加保険料の納付を

　60歳から64歳の人のうち、満額の老齢基礎年金を受給できない人は、国民年金に「任意加入」をし、「付加保険料」も納付するとよいでしょう。ただし、60歳以降も厚生年金に加入している人は、国民年金に任意加入できません。

816,000円以上の老齢基礎年金を受給できる人とは

A

●繰下げ支給をしたときなど

① 65歳になり老齢基礎年金の受給年齢になったとき、老齢基礎年金を受給しないで66歳以降に受給しますと、増額された老齢基礎年金を受給できます。これを老齢基礎年金の「繰下げ支給」といいます。

② 例えば、816,000円の老齢基礎年金の「繰下げ支給」をして70歳から受給しますと、老齢基礎年金は1,158,720円（816,000円×142％）になります。

③ 繰下げ支給をすると、付加年金も同率で増額になります。

●振替加算や付加年金を受給したときなど

① サラリーマン家庭で、夫が配偶者加給を受給していても、妻（昭和41年4月1日以前生まれ）が65歳になりますと、夫が受給中の配偶者加給はなくなり、妻の老齢基礎年金に「振替加算」として加算されます。この場合、妻が満額の老齢基礎年金を受給していても、それに上乗せして支給されますので、満額の老齢基礎年金以上の年金を受給できます。

② 保険料を40年払い、さらに付加保険料も納付した人は、満額の老齢基礎年金を受給できるようになったときに、付加年金や、振替加算が上乗せされて支給されます。

Q 国民年金に1年、加入すると老齢基礎年金はいくら増えるか（令和6年度）

A ●10年受給するとモトが取れる

① 国民年金に1年、加入したとき、納付する保険料は、年額で203,760円です。そのとき受給できる老齢基礎年金は、年額で20,400円です。「203,760円払って20,400円もらえる」のなら、10年もらえば掛けた保険料は戻ってきます。

② 平均寿命が80歳を超えたことに配慮しますと、国民年金は有利な制度です。何故かといいますと、老齢基礎年金には、国から補助金が入っているからです。

③ 国民年金の保険料を納めている人は、付加保険料（月額400円）を納めて、付加年金（月額200円）を受給できます。「400円を納めて、200円の付加年金」を受給できるわけですから、付加年金の制度は、さらに有利です。

今年1年国民年金に加入すると　　令和6年度

	1ヶ月分		1年分	
	保険料	年金	保険料	年金
定額保険料	16,980円	1,700円	203,760円	20,400円
付加保険料	400円	200円	4,800円	2,400円
合計	17,380円	1,900円	208,560円	22,800円

Q 繰上げ支給をすると老齢基礎年金は60歳からでも受給できる

A ●繰上げ支給をすると減額支給

老齢基礎年金の支給は「65歳」です。ただし、「繰上げ支給」といって60歳からでも受給できます。反対に「繰下げ支給」といって66歳から75歳（昭和27年４月２日以降生まれの人）になるまで受給を遅らせることもできます。

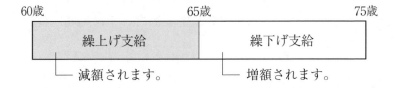

| 60歳 | | 65歳 | | 75歳 |

繰上げ支給	繰下げ支給
└── 減額されます。	└── 増額されます。

繰上げ支給の歴史

① 昭和36年４月に国民年金が発足したとき支給開始年齢は「65歳」でした。その一方で、厚生年金は「60歳」支給でしたので国民年金に「繰上げ支給」の制度を設け、支給年齢の公平を図ったのです。

② 昭和16年４月２日以降生まれの男子から厚生年金の支給開始年齢も徐々に65歳支給に引上げられましたので、厚生年金にも「繰上げ支給」の制度が導入されました。

国民年金基金とは、どんな年金か

 ●**国民年金基金には地域型と職能型の２つがある**

① 国民年金基金は、自営業者などの方々のために国民年金（老齢基礎年金）に上乗せして、より豊かな年金を保障する制度です。

② 平成３年４月から実施され、加入できるのは第１号被保険者で国民年金の保険料を納めている人です。免除（一部免除を含む）や猶予されている人は加入できません。

③ 国民年金基金の加入は60歳までですが、60歳以上65歳未満の国民年金任意加入者も加入できます。

④ 国民年金基金は、全国47都道府県の地域型基金と25の職能型基金がありました。しかし、事業運営の効率化を図るため、平成31年４月１日に「全国国民年金基金」となりました（日本弁護士・歯科医師・司法書士国民年金基金を除く）。

⑤ 掛金は、全額社会保険料控除（年間、最高816,000円）の対象となり、所得税や住民税が軽減されます。また、受け取る年金は、公的年金等控除が受けられます。

第 3 章

厚 生 年 金

厚生年金の基礎知識

●厚生年金の「生い立ち」とその「歴史」

①　昭和17年6月1日に民間会社の工場で働く「現業の男子」、続いて、昭和19年10月1日には「事務職の男子、ならびに女子」が厚生年金に加入することになりました。

②　平成9年4月には、JR、JT、NTTで働く人が加入していた共済年金が厚生年金に、平成14年4月には農協や漁協で働く人達が加入していた共済年金（農林年金）が厚生年金に統合されました。

③　平成27年10月には、公務員が加入していた共済年金、ならびに、私立学校の教職員が加入していた共済年金が厚生年金と一緒になり、すべての共済年金が厚生年金として支給されることになりました。

④　これにより、わが国の年金制度は、民間会社や諸官庁などで働く人が加入する「厚生年金」と、自営業者や専業主婦などが加入する「国民年金」の二つになったのです。

> 厚生年金 ┈┈┈┈┈ 民間会社や諸官庁で働く人が加入

> 国民年金 ┈┈┈┈┈ 自営業者や専業主婦などが加入

厚生年金の基礎知識

●特別支給の老齢厚生年金

① 昭和61年4月の改正で、老後に支給される厚生年金は「60歳支給」から「65歳支給」となり、65歳支給の厚生年金を「老齢厚生年金」と呼ぶようになりました。

② とは言っても、それまで60歳支給の厚生年金を、直ちに65歳支給にしたわけではありません。61歳支給、62歳支給…というように、徐々に65歳支給とすることとし、65歳まえに支給する厚生年金を「特別支給の老齢厚生年金」としたのです。

③ この「特別支給の老齢厚生年金」は、改正まえの昭和61年3月までの厚生年金を引きつぐものでしたから、支給する年金の名称も従来と同じ「定額部分の年金」、「報酬比例部分の年金」とし、65歳から支給される「老齢厚生年金」と区別したのです。

④ この定額部分、報酬比例部分は65歳になりますと、定額部分は「老齢基礎年金」として、報酬比例部分は「老齢厚生年金」として支給するとしたのです。

〔特別支給の老齢厚生年金は、65歳になると老齢基礎年金と老齢厚生年金に〕

特別支給の 老齢厚生年金	—— 65歳 ——	老齢厚生年金 老齢基礎年金

厚生年金の基礎知識

●報酬比例部分の年金額は、「本来水準」と「従前額保障」がある

① 「このままでは、将来、年金制度は破綻しかねない」と、平成12年改正のとき、報酬比例部分の年金額を5％引き下げるとしました。

② その方法は、物価や、賃金が5％上昇するまでは、報酬比例部分の年金額を据え置くとしたのです。その据え置かれた年金が「従前額保障」です。

③ 5％引き下げられた法律上の「本来水準」の報酬比例部分を計算するときは、物価や賃金の伸びを反映した算出式で計算をします。「従前額保障」を計算するときは、平成12年改正の水準に引き戻した算出式で計算をします。

④ 現在、報酬比例部分の年金額は、「従前額保障」と「本来水準」の二つの算出式で計算され、年金額の多い方が支給されています。

厚生年金の基礎知識

●老齢厚生年金の算出式「本来水準」

定 額 部 分＝1,701円（注1）×加入月数（注2）

報酬比例部分（A＋B）

A… 平均標準
報酬月額 （注3）× $\dfrac{7.125}{1,000}$ × 平成15年3月
以前の加入月数

B… 平均標準
報酬額 （注4）× $\dfrac{5.481}{1,000}$ × 平成15年4月
以降の加入月数

（注1）定額部分の計算単価は、毎年、物価・賃金水準により変わります。
「1,701円」は、昭和31年4月2日以降生まれの人の計算単価です。
昭和31年4月1日以前生まれの人は「1,696円」です。

（注2）加入月数は480月上限（昭和21年4月2日以降生まれ）です。

（注3）平均標準報酬月額は、平成15年3月以前の加入期間の給料の額を現在の物価・賃金水準に見直した平均値です。

（注4）平均標準報酬額は、平成15年4月以降の加入期間の給料と賞与の額を現在の物価・賃金水準に見直した平均値です。

厚生年金の基礎知識

●年金額の改定にマクロ経済スライドを導入

① 平均余命の延びに伴って、年金受給者の人数は増えていきますが、少子高齢化のもとでは、年金受給者を支える年金加入者は減少していきます。これでは、年金財政は保てません。

② それを打開するため、保険料を平成16年度から29年度まで、毎年、値上げをし、平成29年度の額で固定することにしました。これでも、足りません。

③ そこで、平成12年の年金法の改正では、報酬比例部分の年金額を算出するときに用いる「1,000分の乗率」の「乗率」を「5%」低くするという乗率改正を行うことで、年金額を低く押さえこむことにしたのです。

④ そればかりではありません。平成16年の改正でマクロ経済スライドを導入し、年金給付の抑制を図ることにしたのですが、高齢者の反対の声に配慮し、「1,000分の乗率変更」も、「マクロ経済スライド」も、実施は平成27年度からとなったのです。

⑤ また、年金額の算出に当たっては、「スライド率」による方式をやめ、標準報酬の見直しをする方式に変えました。それが、年度ごとに変わる標準報酬の「再評価率表」なのです。

厚生年金の基礎知識

●定額部分の年金とは

① 本来水準の年金支給が始まった平成27年度からの定額部分の年金額は、計算単価の「1,628円」に、その年度の「年金改定率」をかけて算出し、その額をその年度の計算単価とします。そして、計算単価に加入月数をかけて年金額を算出することにしたのです。

② 令和6年度の改定率は「1.045」ですので、計算単価は「1,701円」です（昭和31年4月2日以降生まれ）。

$$\text{令和6年度の定額部分の計算単価} = 1,628円 \times 1.045 = 1,701円$$

③ 以前の「特別支給の老齢厚生年金」は、報酬比例部分と定額部分が支給されていましたが、昭和24年（女子は昭和29年）4月2日以降生まれの人から定額部分が支給されなくなりました。

④ 65歳になりますと、定額部分を計算した額が、「老齢基礎年金」と「経過的加算」とに分かれて支給されます。

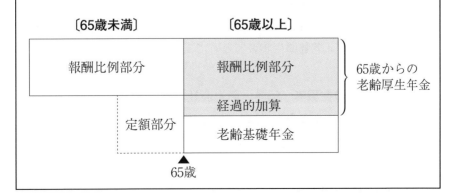

厚生年金の基礎知識

●報酬比例部分の年金とは

① **支給額は在職中の平均給料で決まる**　報酬比例部分の年金は、厚生年金加入中の平均給料を使って年金額を算出します。なお、平成15年3月までの平均給料を「平均標準報酬月額」といい、平成15年4月以降のボーナスを含めた平均給料を「平均標準報酬額」といいます。

② **二つの算出式で年金額を求める**　年金額を算出するときには、平成15年3月までに加入した厚生年金と、平成15年4月以降に加入した厚生年金とに分けて、別々の算出式を用いて年金額を出します。そして、その合計額が報酬比例部分の年金になります。

③ **65歳になると**　退職者も在職者も、65歳になりますと、報酬比例部分の年金は、定額部分から算出された経過的加算部分の年金と一緒になって「老齢厚生年金」として支給されます。

④ **65歳以降の在職者**　65歳以降も会社に残りますと、65歳到達時の加入月数で年金額を再計算します。そして報酬比例部分の年金が在職老齢年金の基本年金額となります。

厚生年金の基礎知識

●配偶者加給・加給年金

①　厚生年金は「世帯」を対象とした年金です。ですから、厚生年金を20年以上かけた受給者に配偶者や子がいますと、その人達の手当（家族手当）が支給されるのです。この家族手当を配偶者加給とか、加給年金といいます。

②　配偶者がいますと配偶者加給が支給されるわけですが、配偶者加給とは加給年金に配偶者手当を加えた額です。この配偶者手当を「特別加算」といいます。したがって、配偶者加給は加給年金と特別加算の合計額となるのです。

③　子がいますと加給年金が支給されますが、特別加算はつきません。子とは18歳未満の子をいいます。身障児は20歳未満の子です。なお、18歳未満とは、18歳になった年の年度末を、身障児とは年金法の２級以上の障害を持つ人をいいます。

④　加給年金は、**厚生年金を20年以上かけた本人が65歳から、配偶者が65歳**になるまで支給されます。なお、加給年金の支給が近くなりますと「生計維持確認届（ハガキサイズ）」が届きますから、所定欄に記入し返送してください。返送しませんと、加給年金は支給差し止めになります。

厚生年金の基礎知識

【配偶者加給】

　配偶者加給とは、加給年金と特別加算の合計額をいいます。

受給者の生年月日	加給年金	特別加算	配偶者加給	支給年齢
昭 9.4.2〜昭15.4.1	234,800円	34,700円	269,500円	60歳
昭15.4.2〜昭16.4.1	234,800円	69,300円	304,100円	60歳
昭16.4.2〜昭17.4.1	234,800円	104,000円	338,800円	61歳
昭17.4.2〜昭18.4.1	234,800円	138,600円	373,400円	61歳
昭18.4.2〜昭20.4.1	234,800円	173,300円	408,100円	62歳
昭20.4.2〜昭22.4.1	234,800円	173,300円	408,100円	63歳
昭22.4.2〜昭24.4.1	234,800円	173,300円	408,100円	64歳
昭24.4.2〜	234,800円	173,300円	408,100円	65歳

① 　表の「受給者の生年月日」とは、厚生年金を20年以上かけた本人
　の生年月日で、配偶者の生年月日ではありません。

② 　厚生年金を20年以上かけた昭和24年4月2日以降に生まれた夫に
　は、65歳の誕生日の翌月分から、妻が65歳に到達する月まで配偶者
　加給「408,100円」が支給されます。

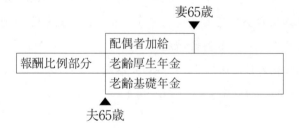

厚生年金の基礎知識

●厚生年金基金は何故、設立されたか

①　国から支給される厚生年金だけでは、老後の生活を守るのは難しい。もう少し年金が欲しい―こういう要望から生まれたのが厚生年金基金で、制度発足は昭和41年10月でした。

②　厚生年金基金から支給される年金は、老後の厚生年金のうち、「報酬比例部分の年金」です。老齢基礎年金や配偶者加給、ならびに遺族年金や障害年金は、日本年金機構から支給されます。また、報酬比例部分の年金のうち、物価スライドや標準報酬の見直しに伴う増額分の年金も、日本年金機構から支給されます。

③　厚生年金基金が支給する年金額が、国から支給する額と同額だったら、厚生年金基金をつくる必要がありません。このような背景があって、基金から支給される年金には、国に代わって支給する「報酬比例部分」のほかに基金から支給する「上積み年金」があるのです。

④　上積み額の多い基金では、それに応じた「掛け金」を、通常の保険料のほかに徴収しています。ほんのわずかの上積みしか支給されない基金もありますが、このような基金では、通常の保険料だけを徴収しています。

厚生年金の基礎知識

●基金の前途は厳しい

① 厚生年金基金では、積立金の運用利回りを「5.5％」として基金からの「上積み年金」に当てると決めました。ところが、金利は低くなり、「上積み年金」を支給することが、難しくなってしまいました。そんな理由から、基金の運営が困難になり、結果として基金の解散や、代行返上が行われるようになったのです。

② 代行返上とは、厚生年金基金が国に代わって支給していた基金加入期間中の報酬比例部分の支給を、国にお返しすることです。

③ このような現状に配慮して、平成26年4月には、厚生年金保険法等の一部を改正する法律が施行されました。それによりますと、「基金の新設は認めない」。あるいは「既存の基金であっても、運用が思わしくない基金は廃止の方向で見直す」など、基金にとっては厳しい方針が打ち出されました。

④ さらに、平成26年4月以降に解散した基金の「代行年金」は、連合会からではなく日本年金機構から支給されることになりました。

企業年金連合会 　〒105-8772　東京都港区芝公園2-4-1
　　　　　　　　　　　　　芝パークビルB館10階
　　　　　　　　　　　　　TEL 0570－02－2666

厚生年金の基礎知識

●離婚した妻に、夫の厚生年金を分割

① 「子育ても終わったので、自分だけの人生を送りたい」。しかし、離婚すると「年金が少ない」。というのが、離婚に当たっての妻の悩みの1つでした。

② 考えてみますと、厚生年金は「世帯」を対象にした年金です。ですから、夫の厚生年金のなかには「妻の年金も含まれている」といえます。

③ だとしますと、離婚をした妻に「夫の厚生年金を妻に分割する」というのは、一理あります。これが「年金分割」の考え方で、「平成19年4月以降」に離婚した妻に適用されます。手続きは、原則として、離婚後「2年以内」で、窓口は年金事務所です。

④ 妻に分割される年金は「結婚してから離婚するまで」の間、夫が掛けた厚生年金の「報酬比例部分」の年金で、老齢基礎年金や、夫の独身時代の報酬比例部分の年金は分割の対象になりません。

⑤ 夫に「厚生年金基金」に加入した期間がありますと、基金から支給される報酬比例部分の年金は分割の対象になりますが、基金から支給される加算部分の上積み年金は分割の対象になりません。

⑥ 離婚に伴って妻に分割される夫の厚生年金の受取りは、妻の報酬比例部分の支給年齢と同じときからです。なお、妻の年金が国民年金だけのときの分割年金は、妻が65歳になったときからです。

〔平成19年4月以降の離婚に適用〕

厚生年金の基礎知識

●65歳になると、老齢基礎年金・老齢厚生年金を支給

① **老齢基礎年金**とは国民年金から支給される年金で、定額部分の年金から算出されます。老齢基礎年金の年金額は定額部分の年金額より低額です。そのため両年金の間で差額が生じます。この差額を**経過的加算**といいます。経過的加算は老齢厚生年金として支給されます。

② **老齢厚生年金**とは厚生年金から支給される年金です。年金額は報酬比例部分の年金額と、経過的加算の合計額です。なお、経過的加算と差額加算は同義語です。

厚生年金の被保険者種別は、第1号から第4号まで

A

●出身母体によって変わる被保険者の種別

①　一元化が行なわれた平成27年10月１日に共済組合に加入していた人の年金は、共済年金から厚生年金に変わりました。

そこで、厚生年金の被保険者の種別を、その人の出身母体により、第１号厚生年金被保険者から第４号厚生年金被保険者に分けることにしました。

㋐　一元化前から厚生年金に加入していた人の被保険者種別は、「第１号厚生年金被保険者」としました。

㋑　国家公務員が加入していた共済年金は厚生年金となり、加入者の被保険者種別は「第２号厚生年金被保険者」となりました。

㋒　地方公務員が加入していた共済年金は厚生年金となり、加入者の被保険者種別は「第３号厚生年金被保険者」となりました。

㋓　私立学校の教職員が加入していた共済年金は厚生年金となり、加入者の被保険者種別は「第４号厚生年金被保険者」となりました。

施行前に加入していた制度	施行後の被保険者の種別
厚生年金の加入者	第１号厚生年金被保険者
国家公務員の共済組合員	第２号厚生年金被保険者
地方公務員の共済組合員	第３号厚生年金被保険者
私立学校の共済制度の加入員	第４号厚生年金被保険者

Q 公務員の年金管理は、どこが行うのか

A ●一元化まえも、あとも、変わらない

① 一元化後（平成27年10月1日）に受給権が発生した公務員の年金の名称は、共済年金から厚生年金になりました。それはそれとして、年金に関する事務処理や管理は、一元化あとの加入分も、そのまえに加入した分も、引き続き共済組合で行うことになりました。

② そうなった理由は、効率的な事務処理を行うためや、管理をするためには、「今まで通りにした方が良い」と、考えたからです。実施に当たり担当するのは、国家公務員共済組合、地方公務員共済組合、日本私立学校振興・共済事業団の年金業務を扱う「実施機関」です。

〔共済組合が行う年金の事務処理〕
・年金請求書の受付
・被保険者資格の管理
・保険料の徴収
・年金額の算定と決定
・年金の支払い業務

Q 共済年金と厚生年金に加入した人の年金請求書は、どこに提出するのか

A ●提出先は年金事務所か共済組合のいずれかに

① 厚生年金と共済年金の一元化まえでしたら、厚生年金の年金請求書は年金事務所に、共済年金の年金請求書は共済組合に、別々に提出していました。

② それが一元化後には、1つの「年金請求書」に、厚生年金の加入歴と、共済年金の加入歴を記入し、「年金事務所」、あるいは「共済組合」のいずれか1ヵ所に提出すればよいことになりました。この方式を「ワンストップサービス」といいます。

③ あえて付け加えますと、厚生年金と共済年金に加入した人が、年金請求書を提出するときは、最後に加入した年金が厚生年金の人は年金事務所に、共済年金の人は共済組合に提出されるとよいでしょう。

〔厚生年金と共済年金に加入した人の受給手続き〕

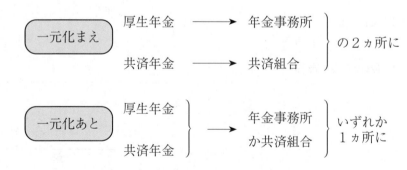

86

Q 特別支給の老齢厚生年金を、「繰上げ支給」と勘違い
している人は多い

A ●**支給開始年齢から受給するのがお得**

① よくお客様から「私の厚生年金は63歳支給とありますが、65歳から受給した方が得ですね？」ときかれますが、そのように誤解している人が多いです。

② これは国民年金の「繰上げ支給」と勘違いして、65歳まえに受給すると将来ともに減額されてしまうとの思い込みです。

③ 以前は60歳から100％支給だった厚生年金は、現在、徐々に65歳支給へと移行中ですが、それぞれの支給開始年齢から100％支給です。

④ 手続きを遅らせて増額になる「繰下げ支給」の制度は、65歳以降の老齢厚生年金・老齢基礎年金にはありますが、65歳前の「特別支給の老齢厚生年金」にはありません。決められた支給開始年齢から受給するのがベストです。そのために、支給開始年齢の3ヵ月前に年金請求書が届きます。

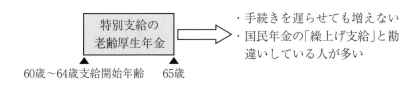

特別支給の
老齢厚生年金

・手続きを遅らせても増えない
・国民年金の「繰上げ支給」と勘違いしている人が多い

60歳～64歳支給開始年齢　65歳

Q 定額部分の加入月数には「底上げ」と「頭打ち」がある

A ① **底上げ** 定額部分の年金額を計算するとき、昭和26年4月1日以前生まれの人には「底上げ」をするしくみがありました。男子なら40歳、女子なら35歳以後の厚生年金の加入月数が、生年月日に応じて「15年（180月）以上20年（240月）未満」のときは、「20年（240月）」として計算されました。

40歳

② **頭打ち** 例を昭和21年4月2日以降に生まれた人に当てはめてみます。この人達が厚生年金に「40年以上」加入していても、定額部分の加入年数は「40年（480月）」とします。なお、報酬比例部分の年金には、40年の頭打ちや、20年の底上げはありません。加入した実月数で計算します。

厚生年金に47年加入

※定額部分は、65歳から老齢基礎年金・経過的加算として支給されます。

Q 老齢厚生年金の年金額の特例とは何か

●障害者特例と長期加入者の特例のことをいう

① 老齢厚生年金の支給開始年齢が徐々に65歳支給へと移行中ですが、高齢になって働くことが困難な人には老齢厚生年金の年金額の特例があります。

② 特例に該当するのは次のいずれかに該当する人で、かつ退職（厚生年金を脱退）している人です。

・障害等級の３級相当以上の障害がある人

・厚生年金（１つの種別で）を44年（528月）以上かけた人

③ 特例に該当しますと、報酬比例部分の支給開始年齢から、定額部分が支給され、更に一定の要件に該当していますと、加給年金も加算されます。

④ この特例は、65歳前の特別支給の老齢厚生年金の年金額の特例ですから、男子は昭和36年４月１日（女子は昭和41年４月１日）以前生まれの人が対象です。

【障害者・長期加入者の特例】

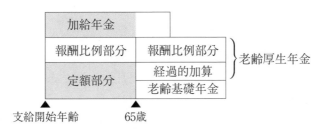

Q 身障者は、定額部分を規定の支給開始年齢より早く もらえるか

A ●報酬比例部分の支給と同時に受給できる

① A子さんは、昭和37年5月生まれですから、報酬比例部分 は63歳、定額部分は65歳支給です。しかし、3級の障害厚生 年金受給者ですから、報酬比例部分の支給年齢と同じ、63歳から定額部 分を受給できます。これを障害者特例といいます。

② この障害者特例でいう身障者とは、年金法でいう障害の程度が「3級 以上」の人です。なお、3級の障害厚生年金を受給していない人でも、 障害の程度が「3級の障害の程度」であれば、63歳から定額部分の年金 をもらえます。手続きにあたっては「障害者特例請求書」を提出しま す。

③ A子さんは、受給中の3級の障害厚生年金か障害者特例による老齢 厚生年金か、どちらか有利な方を選択して受給します。

〔障害年金受給者による年金請求が遅れたときの定額部分〕

A子さんの報酬比例部分は63歳支給です。このA子さんが6ヵ月遅 れで手続きをしても、報酬比例部分は63歳のときまで遡及します。その 場合、A子さんが3級以上の障害年金の受給権者ですと、特例による 定額部分も遡って受給できます（平成26年4月から）。しかし、3級以上 の障害の状態であっても障害年金の受給権者でないときは、改正前と同 じく定額部分の支給は、手続きをした翌月分からになりますので手続き が遅れた分損をします。

Q 厚生年金だけで44年以上の加入年数があると年金額の特例がある

A ●退職していることが条件

① 昭和35年４月２日生まれの男子の例で説明します。この男子の報酬比例部分は64歳支給ですが、厚生年金を44年以上かけて退職していますと、定額部分（令和６年度　816,480円）も、64歳から受給できます。

```
┌─────────────────────────┐
│  厚生年金　44年以上       │
└─────────────────────────┘
                    ▲
             退職(厚生年金を脱退)
```

② その場合、65歳前の配偶者（妻）がいますと、「配偶者加給（令和６年度　408,100円）」も受給できます。理由は、配偶者加給の支給年齢は定額部分の支給年齢と同じだからです。ただし、「退職をしている」ことと、老齢基礎年金の「繰上げ支給」をしていないことが条件です。

③ 退職したとき、厚生年金の加入年数が44年以上あれば、定額部分の年金を受給できるわけですが、その際特別な書類の提出はありません。

④ ここで言う「退職したとき」とは、厚生年金の被保険者でないことをいいます。お勤めしていても、厚生年金に加入していなければ、特例に該当します。

Q 定額部分の年金額の算出例（2例）

A ●算出例　その1

　　私の加入した厚生年金は「18歳のときから62歳までの44年」
です。厚生年金から支給される定額部分の年金額は、いくら
になりますか。

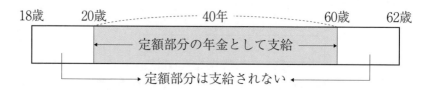

〔解答〕　①　あなたの場合、定額部分の年金額は、20歳から60歳になるま
での厚生年金40年から算出します。支給額は「816,480円」です。なお、
定額部分には40年の「頭打ち」がありますので、18歳から20歳になるま
でと、60歳から62歳になるまでの4年分の定額部分は、年金額支給の対
象にはなりません。

　　厚生年金に40年以上加入
　　した人の定額部分の年金額 ＝ 1,701円 × 480月 ＝ 816,480円

②　説明が重複しますが、大切なことなのでつけ加えますと、この人の定
額部分は上限の40年（480月）ですから、20歳まえや60歳以降の厚生年
金から「経過的加算部分」は支給されません。したがって、この期間の
定額部分は頭打ちになります。

●算出例　その2

　私の加入した厚生年金は「18歳のときから26歳になるまでの8年」で
す。厚生年金から支給される定額部分の年金額は、どのようになります
か。

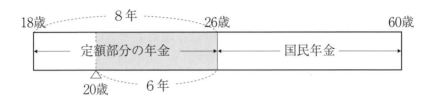

〔解答〕　①　あなたの場合、8年掛けた厚生年金の定額部分は、65歳支給
　　です。定額部分は「163,296円」の年金になります（令和6年度価格）。

　　　　定額部分＝1,701円×96月（8年）＝163,296円

②　65歳になりますと、18歳から26歳になるまで8年かけた定額部分のう
　　ち、20歳から26歳になるまでの6年の定額部分から、老齢基礎年金を算
　　出します。老齢基礎年金は「122,400円」になります。

　　　そして、定額部分から老齢基礎年金を引いた額の「40,896円」は、経
　　過的加算部分の年金として支給されます。

$$老齢基礎年金＝816,000円×\frac{72月（6年）}{480月}＝122,400円$$

$$経過的加算部分＝163,296円－122,400円＝40,896円$$

163,296円

③　経過的加算部分の年金は、65歳から、報酬比例部分と一緒になって、
　　「老齢厚生年金」として支給されます。

Q 報酬比例部分にも加入月数に「底上げ」や「頭打ち」があるか

A

●**底上げや頭打ちはない**

①　報酬比例部分の年金額を求めるときは、平月や平額に「1,000分の乗率」や「加入月数」を掛けて算出するのですが、加入月数に関しては、実際に加入した月数で年金額を求めます。

②　例えば、厚生年金に44年加入した人の年金額を算出するとき、定額部分の加入年数は40年としますが、報酬比例部分の加入年数は44年とします。報酬比例部分の年金には底上げや頭打ちはなく、実際の加入月数で計算します。

〔44年の加入年数のある人〕

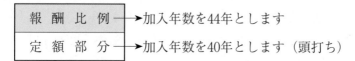

| 報　酬　比　例 | →加入年数を44年とします |
| 定　額　部　分 | →加入年数を40年とします（頭打ち） |

平月とは、平額とは

「平月」とは平均標準報酬月額の略称で、平成15年３月以前の給料（標準報酬月額）の平均額です。

「平額」とは平均標準報酬額の略称で、平成15年４月以降の給料（標準報酬月額）とボーナス（標準賞与額）の合計の平均額です。

94

Q 厚生年金に1年加入すると、年金はいくら増えるか

●報酬比例部分は年収に比例して増加する

① 報酬比例部分は給料（標準報酬月額）とボーナス（標準賞与額）の額に比例して、増えます。定額部分は、給料・ボーナスの額にかかわりなく、一律に計算されます。

【1年厚生年金に加入すると】

年　収	150万円	300万円	400万円	500万円
報酬比例部分	7,613円	15,226円	20,302円	25,377円
定額部分 （65歳支給）	20,412円	20,412円	20,412円	20,412円
合　計	28,025円	35,638円	40,714円	45,789円

※令和6年度の年金額です。

② 報酬比例部分は年収（給料と賞与の額）に比例して増えます。

〔計算例〕年収300万円（平均月収25万円）で1年勤めた場合

報酬比例部分　$250,000円 \times 0.926^{※} \times \dfrac{5.481}{1,000} \times 12月 = 15,226円$

※　0.926は令和6年度の再評価率

③ 定額部分は、65歳から老齢基礎年金・経過的加算として支給されます。定額部分には40年（480月）の頭打ちがあります。厚生年金の加入月数が480月を超えたときは、報酬比例部分だけが計算されます。

定額部分　$1,701円 \times 12月 = 20,412円$

Q 65歳以降働いた年金は、いつ増えるのか

A ●令和4年度からは、毎年10月分の年金から加算される

① 令和4年3月までは、65歳以上の在職者（厚生年金加入者）の年金が増えるのは、退職をしたとき、または70歳になったときでした。

② それが、法改正により、令和4年度からは毎年、在職中でも年金額が再計算されて増えるようになりました。具体的には、65歳以降8月まで加入した年金が毎年10月（12月支払い）の年金に加算されます。これを「在職定時改定」といいます。

③ 増える年金は報酬比例部分です。厚生年金加入月数が480月までは定額部分（経過的加算部分として支給）も増えます。65歳以上で働いている人に、働いた効果を早期に実感してもらうためです。

〔70歳まで働く場合〕

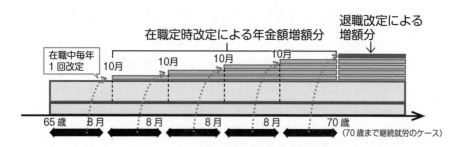

Q 報酬比例部分の年金額を算出して欲しいといわれたとき

A

●**手計算で年金額を算出するのは無理**

① 報酬比例部分が64歳支給の現職サラリーマンが60歳を迎えたときに、「ねんきん定期便」を手にして「60歳以降も働きますが、報酬比例部分の年金額は、どのように算出するのですか」と質問されたときの答えは「NO」です。

② そのわけは、「ねんきん定期便」の64歳支給欄に出ている額は、60歳まで働いたときの年金額だからです。では、どうすれば64歳到達時の年金額を知ることができるでしょうか。

③ それを知るための最善の方法とは、年金事務所に足を運び、60歳以降の勤務状況の話をし、それに見合う「試算結果」を出してもらい、説明をしてもらうことです。

④ 試算結果には、報酬比例部分の年金額のほかに、総報酬前の加入月数と総報酬後の加入月数、ならびに、その期間内の平均標準報酬月額（額）が記載されていますから、どのようにして、年金額を算出したかが分かります。

Q 高齢者は何歳になるまで厚生年金に加入しなければ ならないか

A ●在職者の保険料は70歳になるまでだが、老齢厚生年金 は在職老齢年金に

①　高齢者の場合、厚生年金に加入できる限度年齢は「70歳に なるまで」です。ですから、会社の役員や理事さんも70歳を過ぎると、 厚生年金をやめることになります。厚生年金に加入していなければ、会 社に籍があっても保険料は払わなくてもよいです。

②　ところが、支給される厚生年金の「報酬比例部分」は在職老齢年金に なります。老齢基礎年金と経過的加算部分は在職老齢年金の対象外です から全額支給です。そんなわけですから、給料の高い会社の役員や理事 さんには報酬比例部分の年金は支給されないのです。これには裏話があ ります。

③　裏話とは、平成16年の年金改正のときのことでした。そのときの改正 で、国は「70歳以上の在職者には厚生年金保険料を納めてもらう。そし て、受給する厚生年金は在職老齢年金にする」と提案したのです。

④　結果はといいますと、「保険料は納めなくてもよいが、支給される厚 生年金は在職老齢年金にする」と決まったのです。これが裏話です。

Q パートさんの、厚生年金への加入

A ●加入の対象になるのは、週に20時間以上働くパートさん

① サラリーマンの妻は、パートで働いたとき、労働時間が週に30時間に満たないときは国民年金の第3号被保険者になり、保険料を納めなくても、基礎年金をもらえる、「これは不公平」という意見がありました。

② その意向を受けて、**平成28年10月1日**から、週に「20時間以上」働くパートさんは「厚生年金に加入」となりました。ただし、つぎの条件つきです。その条件とは、501人以上の人が働いている事業所で、給料の額が月額88,000円以上で、かつ、勤務期間が1年以上つづくパートさんに限るとしたのです（学生は除く）。

短時間労働者の厚生年金への加入（平成28年10月）

要件	加入の条件
①労働時間	週20時間以上勤務
②賃金	賃金月額8.8万円以上
③勤務期間	1年以上の見込み
④企業規模	従業員501人以上

Q パートさんの段階的な厚生年金への加入拡大

A ●厚生年金の加入要件が拡大される

① 　パートさん（短時間労働者）の厚生年金加入の要件が令和
4年10月に拡大されました。

② 　令和4年10月から勤務期間が1年以上の見込みという要件が変更され、正規の従業員同様2ヵ月を超えて雇用が見込まれる場合は採用時から加入するようになりました。同時に従業員101人以上の事業所が加入することになりました。

③ 　さらに、企業規模要件が段階的に引き下げられます。令和6年10月から従業員が「51人以上」の事業所が加入することになります。

短時間労働者の厚生年金加入の適用拡大

要件	加入の条件	
	令和4年10月から	令和6年10月から
①労働時間	週20時間以上	週20時間以上
②賃金	賃金月額8.8万円以上	賃金月額8.8万円以上
③勤務期間	2ヵ月超の見込み	2ヵ月超の見込み
④企業規模	従業員101人以上	従業員51人以上

Q　厚生年金の保険料は18.3%で固定

A　●9月分の保険料は10月の給料から徴収

①　厚生年金の保険料は、給料（標準報酬月額）に保険料率を掛け、労使折半で翌月末までに納付することになっています。たとえば9月分の保険料は10月に支給される給料から徴収され、会社が10月末までに年金事務所に納めています。

②　厚生年金と共済年金の一元化が行われた平成27年10月当時の保険料は、民間会社で働く人の保険料率の方が、諸官庁や私立学校で働く人の保険料率より高く設定されていました。

その格差を是正するため、公務員や私立学校の教職員の保険料率を民間会社で働く人の保険料率に合わせることになりました。是正措置の内容は、公務員の保険料率は平成30年に、私立学校の教職員の保険料率は令和11年に民間会社で働く人の保険料率と同じにするというものです。

厚生年金保険料のあゆみ

①　平成16年10月、13.934%だった保険料率は、毎年、9月になりますと0.354%ずつ引き上げ、平成29年9月には、18.3%となり、その時点で保険料率を固定すると決めました。

②　この決定に基づき、平成29年9月以降、第1号厚生年金被保険者の保険料率は18.3%で固定されたのです。

厚生年金保険料 （令和2年9月以降）

（単位：円）

標準報酬		報酬月額		保険料 （18.3%）	
等級	月額	（以上）	（未満）	全額	折半額
1	88,000		～93,000	16,104.00	8,052.00
2	98,000	93,000～	101,000	17,934.00	8,967.00
3	104,000	101,000～	107,000	19,032.00	9,516.00
4	110,000	107,000～	114,000	20,130.00	10,065.00
5	118,000	114,000～	122,000	21,594.00	10,797.00
6	126,000	122,000～	130,000	23,058.00	11,529.00
7	134,000	130,000～	138,000	24,522.00	12,261.00
8	142,000	138,000～	146,000	25,986.00	12,993.00
9	150,000	146,000～	155,000	27,450.00	13,725.00
10	160,000	155,000～	165,000	29,280.00	14,640.00
11	170,000	165,000～	175,000	31,110.00	15,555.00
12	180,000	175,000～	185,000	32,940.00	16,470.00
13	190,000	185,000～	195,000	34,770.00	17,385.00
14	200,000	195,000～	210,000	36,600.00	18,300.00
15	220,000	210,000～	230,000	40,260.00	20,130.00
16	240,000	230,000～	250,000	43,920.00	21,960.00
17	260,000	250,000～	270,000	47,580.00	23,790.00
18	280,000	270,000～	290,000	51,240.00	25,620.00
19	300,000	290,000～	310,000	54,900.00	27,450.00
20	320,000	310,000～	330,000	58,560.00	29,280.00
21	340,000	330,000～	350,000	62,220.00	31,110.00
22	360,000	350,000～	370,000	65,880.00	32,940.00
23	380,000	370,000～	395,000	69,540.00	34,770.00
24	410,000	395,000～	425,000	75,030.00	37,515.00
25	440,000	425,000～	455,000	80,520.00	40,260.00
26	470,000	455,000～	485,000	86,010.00	43,005.00
27	500,000	485,000～	515,000	91,500.00	45,750.00
28	530,000	515,000～	545,000	96,990.00	48,495.00
29	560,000	545,000～	575,000	102,480.00	51,240.00
30	590,000	575,000～	605,000	107,970.00	53,985.00
31	620,000	605,000～	635,000	113,460.00	56,730.00
32	650,000	635,000～		118,950.00	59,475.00

※私学教職員の保険料を除く。

本来水準の報酬比例部分の算出式から「スライド率」が消えたわけは

 ●スライド率に代わって再評価率で年金額を改定

①　報酬比例部分の年金額は、在職中の平均給料（平均標準報酬）を使って、年金額を算出します。その際、昔の平均給料を用いて金額を出すわけではありません。今の平均給料と同じ水準になるように「再評価率」をかけて見直しをするのです。

②　この「再評価率」は、賃金や物価の変動に応じて年度ごとに変わります。つまり従来は、平均給料を変えずに「スライド率」で年金額を改定していたものを、本来水準では、平均給料を再評価する方式に変えたのです。このような事情から、スライド率が算出式から消えたのです。

③　本来水準の「再評価率」の改定は、年度ごとに行われます。

〔報酬比例部分の年金額は平均標準報酬の再評価で改定する〕

（従前額保障）

算出式にスライド率を かけて年金額を改定する

（本来水準）

再評価率を毎年変えて 年金額を改定する

Q 厚生年金基金が解散すると

●年金支給は日本年金機構が引き継ぐ

① 厚生年金基金が解散したからといって、加入者の年金がなくなってしまうわけではありません。後始末は「日本年金機構」が引き継ぎます。

② 以上は、平成26年4月以降に基金が解散したときの話で、それ以前に解散したときの年金支給は「企業年金連合会」が引き継いでいます。年金支給は、年金額により年に1回、2回、3回、6回に分けて行われます。

〔企業年金連合会からの年金支給〕

支給額（年額）	支給回数（支給月）
6万円未満	年に1回（誕生月で決まる）
6万円以上　15万円未満	年に2回（6月、12月）
15万円以上　27万円未満	年に3回（4月、8月、12月）
27万円以上	年に6回（偶数月）

（注）年金の支給日は1日（1日が金融機関の休業日の場合には翌営業日）

A ●日本年金機構が引き受ける

① 国が支給する報酬比例部分の年金を基金が代行して支給しますので、基金から支給される報酬比例部分の年金を「代行年金」といいます。この代行年金を国にお返しをするのを「代行返上」といいます。

② しかし、基金では、この代行年金に上乗せして支給する独自年金があります。この独自年金を「加算部分の年金」といいます。この加算部分の年金は、従来通り基金から支給されます。

③ 厚生年金基金が「代行返上」をしますと、代行部分として支給されていた「報酬比例部分」の年金は日本年金機構から支給されます。そして、その内容を明らかにした「年金決定通知書・支給額変更通知書」が受給者に届きます。

加 算 部 分	…… 厚生年金基金から支給
代 行 部 分	…… 日本年金機構から支給

④ また、厚生年金基金から支給される「加算部分」の年金額を記載した「年金証書」が基金から受給者に送られてきます。

●結婚期間中の報酬比例部分が分割の対象

①　平成19年４月に、離婚時の年金分割制度ができました。平成19年４月以降に離婚した場合、離婚後２年以内なら年金事務所に離婚分割の請求ができます。２年を過ぎますと時効により請求できません。

②　分割の対象となる年金は、結婚期間中の厚生年金の報酬比例部分です。厚生年金の経過的加算部分や、老齢基礎年金は分割されません。また結婚前や離婚後の年金も分割の対象外です。

③　結婚期間中、夫婦ともに厚生年金に加入していた場合は、年金額の多い方から少ない方に分割されます。どれだけ分割できるかの「分割割合」は最大50％までです。

④　「分割割合」は、夫と妻との話し合いで決めますが、協議がまとまらないときは、家庭裁判所が決めてくれます。

⑤　平成20年４月以降の専業主婦（第３号被保険者）期間は、話し合いによらず、妻が請求するだけで夫の報酬比例部分の50％が妻に分割されます（３号分割）。

離婚したときの分割年金はいくらになるか

A

●分割の上限は50%

① 結婚期間中の夫の厚生年金（報酬比例部分）が70万円で、妻の厚生年金（報酬比例部分）が30万円のとき、離婚した妻に分割される夫の年金はいくらになるかでこの問題を解説します。

② 図をごらんください。年金分割をするときは、夫の報酬比例部分の年金70万円から、妻の報酬比例部分の年金30万円を引きます。答えは40万円です。この40万円が分割の対象になる年金です。

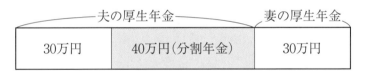

30万円	40万円(分割年金)	30万円

夫の厚生年金 ／ 妻の厚生年金

分割の対象
になる年金 = （ 夫の報酬比例部分の年金 − 妻の報酬比例部分の年金 ）

③ 妻は、分割年金の40万円をマルマル貰えるわけではありません。最高にもらえても40万円の半分（50%）の20万円です。この「50%」を按分割合の「上限」といいます。その結果、妻の報酬比例部分の年金は、自分の30万円と20万円とで50万円になります。妻が夫の年金を1円も貰えないときもあります。そのときの妻の年金は、妻の30万円だけです。この場合の按分割合を「下限」といいます。

年金分割をするときの按分割合をどうするかは、夫と妻の話合いで決めますが、話がまとまらないときは司法（家庭裁判所）の手に委ねます。

Q 妻が分割年金の情報を知りたいときの手続き方法

A

●相談窓口は年金事務所

① 年金分割をしたらどうなるかを知りたい妻は「年金分割の
ための情報提供請求書」を年金事務所に提出します。その際、
妻の基礎年金番号と結婚した年月が分かる書類（戸籍謄本）を提出しま
す。そうしますと、日本年金機構から「年金分割のための情報通知書」
が届きます。

② その場合、年金を受給していない夫婦で、離婚まえの妻が「私にだけ
通知書」といえば、妻にだけ情報通知書が届きます。

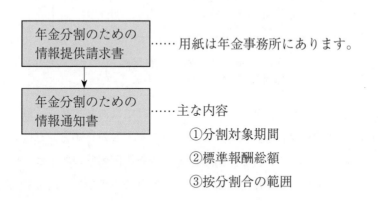

年金分割のための
情報提供請求書 …… 用紙は年金事務所にあります。

年金分割のための
情報通知書 ……主な内容
　　　　　①分割対象期間
　　　　　②標準報酬総額
　　　　　③按分割合の範囲

Q 配偶者加給の対象となる妻の所得認定はいつなのか

A **●夫が65歳になったとき**

① 「配偶者加給」を受給できるのは、厚生年金を20年以上かけた夫（妻）が「65歳」になったときに、65歳未満の配偶者がいるときです。

② そのとき配偶者の前年の収入が850万円、または、所得金額で655万5千円以上ありますと、配偶者加給は原則として支給されません。それを確認するために日本年金機構から「生計維持確認届」を兼ねた「年金請求書（ハガキ形式）」が送られてきます。

それを受け取ったら所定欄に記入し、日本年金機構に返送して下さい。返送しませんと配偶者加給は支給されません。

Q 60歳で離婚し63歳で再婚をした夫、配偶者加給を
受給できるか

A ●受給できる

① 配偶者加給の支給が65歳の男子が60歳のとき離婚し、63歳
で再婚したときの例で、この問題を解説しますと、以下のよ
うになります。

② 配偶者加給は、配偶者加給が支給される年齢（原則65歳）の前に再婚
していると支給されます。配偶者加給の支給開始年齢の後に再婚した場
合は、支給されません。

66歳の男子が再婚したとき、配偶者加給を受給できるか

●**受給できない**

① 配偶者加給を受給できる人とは、厚生年金を20年以上かけた人です。配偶者加給の支給開始年齢は、障害者・長期加入者の特例に該当する人（p.89参照）を除きますと、65歳です。

② ご質問の男子の再婚は66歳のときですから、すでに配偶者加給の支給開始年齢を過ぎて再婚した人です。支給開始年齢を過ぎて再婚しても「配偶者加給」は支給されません。

〔配偶者加給が65歳支給の男子が再婚したとき〕

65歳未満の再婚 → 配偶者加給は支給される。

65歳以降の再婚 → 配偶者加給は支給されない。

Q 妻が厚生年金を受給したら夫が受給している配偶者加給は支給停止、その理由は

A ●妻の厚生年金が20年以上あると配偶者加給は支給停止

①　厚生年金を38年かけた66歳の夫は、配偶者加給を受給中です。厚生年金を26年かけた62歳の妻が自分の厚生年金を受給したら、夫の配偶者加給は支給停止になってしまいました。

②　そのわけは、受給した妻の厚生年金が20年以上あったからです。もし、妻の掛けた厚生年金が19年というように20年未満でしたら、妻が65歳になるまでは夫の配偶者加給は支給されます。また振替加算も受給できたのです。

③　夫婦共に20年以上の厚生年金を受給するようになると、ある程度の年金額になるので、家族手当に相当する配偶者加給は必要ないだろうという理由です。

〔妻が20年以上の厚生年金をもらえるようになると、配偶者加給は支給停止〕

66歳の夫	厚生年金　38年

62歳の妻	厚生年金　20年以上

Q 内縁の妻や外国籍の妻も、配偶者加給の対象になるか

●対象になる

① 内縁の妻のとき、住民票に「未届けの妻」となっていれば、問題はありません。しかし、「同居人」となっているときは面倒です。

② 同居人となっていても、実際には内縁関係のときがあります。そのようなときは、実情を明らかにする申立書を年金請求書に添付します。

③ 外国籍の妻は、加給年金の対象となります。逆に厚生年金に加入した夫が外国籍であっても、妻は配偶者加給の対象になります。

サラリーマンの妻に支給される振替加算とは何か

A ●**加給年金の一部が振替わって加算される年金です**

① サラリーマン世帯の妻が国民年金に強制加入（第3号被保険者）になったのは、昭和61年4月です。昭和61年4月時点で20歳を超えていたサラリーマンの妻の場合、60歳まで国民年金に加入しても満額の老齢基礎年金に不足します。

② 昭和41年4月1日以前生まれの妻が該当します。その不足分をカバーするために加給年金の一部の額を振替えて加算されるのが振替加算です。

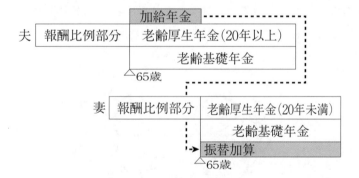

振替加算額（令和6年度）

対象者の生年月日	年額	月額
昭33年4月2日～昭和34年4月1日	34,516円	2,876円
昭34年4月2日～昭和35年4月1日	28,176円	2,348円
昭35年4月2日～昭和36年4月1日	21,836円	1,819円
昭36年4月2日～昭和41年4月1日	15,732円	1,311円
昭41年4月2日～	―	―

Q　妻が年上でも、夫は配偶者加給を受給できるか

A

●配偶者加給は支給されない

①　下図をごらんください。妻の方が夫より2歳年上です。このようなときの「配偶者加給」や「振替加算」は、つぎのようになります。

```
                                                      65歳
夫（65歳）  ┌◄─────── 厚生年金 42年 ───────►┐
          │                                      │
          └──────────────────────────────────────┘

                                                      67歳
妻（67歳）  ┌─────────────┬─────────────┬──────┐
          │ 厚生年金 12年 ┆ 国民年金 25年 │      │
          └─────────────┴─────────────┴──────┘
```

②　夫が65歳になり配偶者加給の支給年齢に達しても、妻が65歳を過ぎていますから、配偶者加給は支給されません。しかし、妻に「振替加算」は支給されます。

③　「振替加算」の手続きは，夫が65歳になったとき「老齢基礎年金額加算開始事由該当届」で行います。用紙は年金事務所にあります。

ご存じですか　サラリーマンの妻が国民年金の強制加入になったのは昭和61年4月で、今年（令和6年4月）で38年です。満額（40年加入）の老齢基礎年金には、まだ不足します。その不足分を考慮し、加給年金の一部を妻の年金に振替えて加算するのが振替加算です。

115

Q 年老いた親も加給年金の対象になるか

A ●対象にならない

① 　A夫さんは現職サラリーマン時代に、同居中の母親の面倒を見てきました。A夫さんが65歳になり、老齢厚生年金を受給できるようになっても、母親は加給年金の対象にはなりません。加給年金の対象となるのは65歳未満の配偶者と18歳の年度末までの子だけです。

② 　参考までに申し上げますと、家族に身障者がいても、対象になるのは20歳未満の子だけです。ですから、身障の親も、身障の兄弟姉妹も加給年金の対象にはなりません。

〔親は加給年金の対象にはならない〕

Q 厚生年金と国民年金に加入した主婦の年金はどうなるか

●65歳になると、老齢基礎年金と老齢厚生年金として支給

① 厚生年金と国民年金に加入した主婦のうち、昭和41年4月1日以前に生まれた人が受給できる年金は、65歳まえと65歳あととで内容が異なります。

65歳まえに支給されるのは厚生年金だけで「特別支給の老齢厚生年金」といいます。そして65歳になりますと、国民年金が支給されるようになるわけですが、その際、特別支給の老齢厚生年金は失権します。

② 65歳から支給される年金を「老齢厚生年金」と「老齢基礎年金」というわけですが、老齢厚生年金は厚生年金として支給され、老齢基礎年金は国民年金として支給されます。

③ 老齢厚生年金 65歳になりますと、厚生年金の報酬比例部分と、定額部分を計算した額から算出される経過的加算部分（差額加算）とが一緒になり、老齢厚生年金として支給されます。

④ 老齢基礎年金 65歳になりますと、厚生年金の定額部分から算出された老齢基礎年金と国民年金とが一緒になり、老齢基礎年金として支給されます。なお、定額部分の年金が全額、老齢基礎年金となるわけではありません。定額部分のうち20歳から60歳になるまでの期間から老齢基礎年金を算出します。

定額部分は、なぜ、老齢基礎年金と経過的加算とに分かれるのか

 ●定額部分の方が老齢基礎年金より支給額が多いから

① 以前は、65歳前の特別支給の老齢厚生年金は、報酬比例部分と定額部分が支給されていました。昭和24年（女子は昭和29年）4月2日以降生まれの人から、報酬比例部分だけになりました。

② 定額部分が支給されない人は、定額部分を計算した額のうち、20歳以上60歳未満の加入期間から老齢基礎年金が支給されます。定額部分と老齢基礎年金との差額が経過的加算として支給されます。

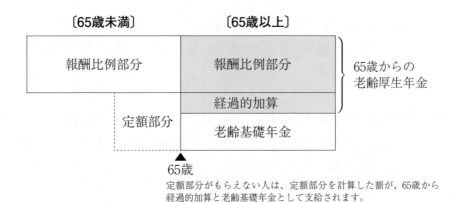

定額部分がもらえない人は、定額部分を計算した額が、65歳から経過的加算と老齢基礎年金として支給されます。

定額部分 ＝1,701円×厚生年金加入月数（480月上限）　　　……A

老齢基礎年金 ＝816,000円×$\dfrac{20歳〜60歳未満の厚生年金加入月数}{480月}$　　……B

経過的加算 ＝A－B

118

A ① 厚生年金に加入している人が65歳になりますと、65歳になるまでかけた厚生年金が再計算されて年金額が増えます。さらに、定額部分を計算した額が経過的加算と老齢基礎年金として支給されます

② つけ加えますと、65歳以上の在職老齢年金となるのは、報酬比例部分の年金で、定額部分から算出される老齢基礎年金や経過的加算部分の年金は全額支給です。

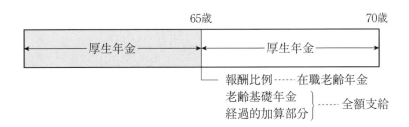

第 4 章

繰上げ・繰下げ支給

繰上げ支給の基礎知識

●65歳支給は、目のまえにやってきた

① 「厚生年金は、いつからもらえますか」。こう聞かれたとき、「あなたの生年月日は？」と、お尋ねしてからでないと、お答えはできませんでした。そんな時代も終わりに近づいてきました。

② 厚生年金は「65歳支給」になるのですが、それが実現するのは、男子と女子とで異なります。男子は「昭和36年4月2日以降」に生まれた人ですが、女子は「昭和41年4月2日以降」に生まれた人で、5年の開きがあります。

③ なお、男子より5年遅れの女子とは、民間会社で働く女子で、公務員として働いた女子の期間は、男子と同じ支給年齢です。

〔厚生年金の支給が65歳からの人〕

男子と公務員の女子 ----- 昭36.4.2以降に生まれた人
　　　　　　　　　　　　（令8.4.1以降に65歳になる人）

民間会社で働く女子 ----- 昭41.4.2以降に生まれた人
　　　　　　　　　　　　（令13.4.1以降に65歳になる人）

●厚生年金の支給開始年齢

受給資格期間を満たし厚生年金（共済年金を含む）の加入期間が１年以上ある方には、下記の年齢から厚生年金が支給されます。

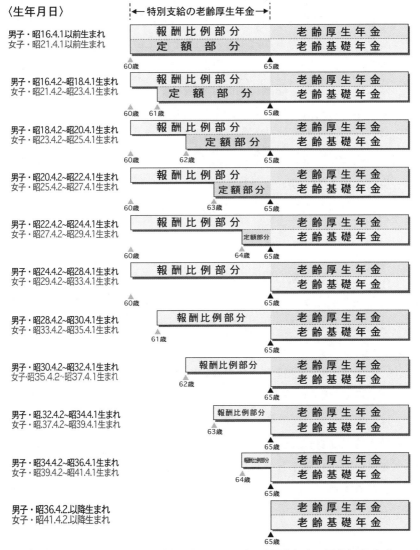

〈生年月日〉 ←特別支給の老齢厚生年金→

男子・昭16.4.1以前生まれ
女子・昭21.4.1以前生まれ
報酬比例部分　老齢厚生年金
定　額　部　分　老齢基礎年金
60歳　　　65歳

男子・昭16.4.2~昭18.4.1生まれ
女子・昭21.4.2~昭23.4.1生まれ
報酬比例部分　老齢厚生年金
定　額　部　分　老齢基礎年金
60歳　61歳　　65歳

男子・昭18.4.2~昭20.4.1生まれ
女子・昭23.4.2~昭25.4.1生まれ
報酬比例部分　老齢厚生年金
定額部分　老齢基礎年金
60歳　62歳　　65歳

男子・昭20.4.2~昭22.4.1生まれ
女子・昭25.4.2~昭27.4.1生まれ
報酬比例部分　老齢厚生年金
定額部分　老齢基礎年金
60歳　63歳　65歳

男子・昭22.4.2~昭24.4.1生まれ
女子・昭27.4.2~昭29.4.1生まれ
報酬比例部分　老齢厚生年金
定額部分　老齢基礎年金
60歳　64歳 65歳

男子・昭24.4.2~昭28.4.1生まれ
女子・昭29.4.2~昭33.4.1生まれ
報酬比例部分　老齢厚生年金
老齢基礎年金
60歳　65歳

男子・昭28.4.2~昭30.4.1生まれ
女子・昭33.4.2~昭35.4.1生まれ
報酬比例部分　老齢厚生年金
老齢基礎年金
61歳　65歳

男子・昭30.4.2~昭32.4.1生まれ
女子・昭35.4.2~昭37.4.1生まれ
報酬比例部分　老齢厚生年金
老齢基礎年金
62歳　65歳

男子・昭.32.4.2~昭34.4.1生まれ
女子・昭.37.4.2~昭39.4.1生まれ
報酬比例部分　老齢厚生年金
老齢基礎年金
63歳　65歳

男子・昭34.4.2~昭36.4.1生まれ
女子・昭39.4.2~昭41.4.1生まれ
報酬比例部分　老齢厚生年金
老齢基礎年金
64歳　65歳

男子・昭36.4.2以降生まれ
女子・昭41.4.2以降生まれ
老齢厚生年金
老齢基礎年金
65歳

※ 共済年金に加入していた方の支給開始年齢は、男女とも厚生年金の男子と同じです。

123

繰上げ支給の基礎知識

●女子の支給開始年齢は、男子より「5年遅れ」

① 男子の定額部分が60歳支給から61歳支給になったのは、昭和16年
4月2日生まれの人からでした。女子の定額部分が60歳支給から61
歳支給になったのは、男子より5年遅れの昭和21年4月2日生まれ
の人からでした。報酬比例部分も同じで、女子の報酬比例部分が60
歳支給から61歳支給になるのも、男子より5年遅れでした。

② 厚生年金の支給が65歳になるのは、男子は昭和36年4月2日以降
生まれの人ですが、女子は昭和41年4月2日以降生まれの人ですか
ら、これについても、女子は男子より5年遅れです。

③ 公務員の場合、男子と女子とで支給開始年齢の区別はありませ
ん。支給開始年齢は厚生年金の男子と同じです。そうなりますと、
同じ生年月日の女子であっても、厚生年金の女子の支給開始年齢
は、公務員の女子よりも、5年早くなります。

④ このような事態になったのは、つぎのような経緯があったからで
す。それというのは、厚生年金の女子も公務員の女子も、年金支給
は55歳でした。それが、60歳支給になったのは、厚生年金では昭和
15年4月2日以降生まれの人でしたが、共済年金では、それより4
年早い昭和11年7月2日以降生まれの人だったのです。

　それを受けついだので、女子の支給年齢には、5年の開きが生じ
たのです。

繰上げ支給の基礎知識

●昭和37年４月２日以降生まれの人から１ヵ月当たり▲0.4%

① 老齢基礎年金は65歳支給です。ただし、本人が希望すれば60歳になりますといつでも請求できます。本来の支給開始年齢の前に請求して受給することを「繰上げ支給」といいます。

② 老齢厚生年金の報酬比例部分は、昭和28年４月２日以降生まれの男子から徐々に65歳支給へと移行中です。しかし、本人が希望すれば、60歳になりますと、いつでも「繰上げ支給」の請求ができます。

③ 繰上げ支給をしますと、本来の支給開始年齢から１ヵ月早く受給するごとに年金額が0.5%減額されます。この0.5%の繰上げ支給の減額率が、令和４年４月１日以降60歳になる「昭和37年４月２日以降生まれの人」から0.4%に緩和されました。

④ 減額率が0.4%になるのは「昭和37年４月２日以降生まれの人」です。「昭和37年４月１日以前生まれ」の人が令和４年４月以降に繰上げ請求しても、減額率は0.5%のままです。

〔報酬比例部分を60歳から受給したときの支給率〕

繰上げ減額率	昭和37年４月１日 以前生まれ	昭和37年４月２日 以降生まれ
	１ヵ月当たり▲0.5%	１ヵ月当たり▲0.4%

Q 繰上げ支給をしたときの支給率

A ●支給率の刻み方は「月を単位」に

① 65歳支給の老齢基礎年金を5年（60月）「繰上げ支給」して、60歳から受給しますと、昭和37年4月1日以前生まれの人は70％支給になり、昭和37年4月2日以降生まれの人は76％支給になります。この70％、76％を支給率といいます。

昭和37年4月1日以前生まれ　　70％＝100％－（0.5％×60月）

昭和37年4月2日以降生まれ　　76％＝100％－（0.4％×60月）

繰上げ支給の支給率

生年月日 繰上げ年齢	昭和37年4月1日 以前生まれ	昭和37年4月2日 以降生まれ
60歳	70.0％	76.0％
61歳	76.0％	80.8％
62歳	82.0％	85.6％
63歳	88.0％	90.4％
64歳	94.0％	95.2％
65歳	100.0％	100.0％

② 繰上げ支給の老齢年金は、請求をした日に権利が発生しますので、請求をしたときが「何歳何ヵ月」かにより支給率が決まり、請求した翌月分から支給されます。昭和37年4月2日以降生まれの人の場合、老齢基礎年金を「60歳6ヵ月」というように、60歳より「6ヵ月」遅れで繰上げ支給を請求しますと、「78.4％」になります。

78.4％＝76％＋（0.4％×6ヵ月）

Q 65歳支給の人の繰上げ支給率は

●繰上げ支給率は生年月日に要注意

① 　下表は、年金の加入が国民年金だけ、あるいは厚生年金の支給開始が65歳支給の人の繰上げ支給率です。生年月日で異なりますので注意してください。

② 　繰上げ支給は、請求をした日に年金を受ける権利（受給権）が発生します。請求した日が何歳何ヵ月かによって支給率が決まり、年金は請求をした日の翌月分から支給されます。

繰上げ支給率（昭和16年4月2日〜昭和37年4月1日生まれ）

(支給率%)

	0月	1月	2月	3月	4月	5月	6月	7月	8月	9月	10月	11月
60歳	70.0	70.5	71.0	71.5	72.0	72.5	73.0	73.5	74.0	74.5	75.0	75.5
61歳	76.0	76.5	77.0	77.5	78.0	78.5	79.0	79.5	80.0	80.5	81.0	81.5
62歳	82.0	82.5	83.0	83.5	84.0	84.5	85.0	85.5	86.0	86.5	87.0	87.5
63歳	88.0	88.5	89.0	89.5	90.0	90.5	91.0	91.5	92.0	92.5	93.0	93.5
64歳	94.0	94.5	95.0	95.5	96.0	96.5	97.0	97.5	98.0	98.5	99.0	99.5
65歳	100.0											

繰上げ支給率（昭和37年4月2日以降生まれ）

(支給率%)

	0月	1月	2月	3月	4月	5月	6月	7月	8月	9月	10月	11月
60歳	76.0	76.4	76.8	77.2	77.6	78.0	78.4	78.8	79.2	79.6	80.0	80.4
61歳	80.8	81.2	81.6	82.0	82.4	82.8	83.2	83.6	84.0	84.4	84.8	85.2
62歳	85.6	86.0	86.4	86.8	87.2	87.6	88.0	88.4	88.8	89.2	89.6	90.0
63歳	90.4	90.8	91.2	91.6	92.0	92.4	92.8	93.2	93.6	94.0	94.4	94.8
64歳	95.2	95.6	96.0	96.4	96.8	97.2	97.6	98.0	98.4	98.8	99.2	99.6
65歳	100.0											

Q 繰上げ支給をすると、総受給額が同額になるのはいつか（昭和37年4月1日以前生まれ）

A ●昭和37年4月1日以前生まれは、16年8ヵ月後

① 60歳から受給しますと、昭和37年4月1日以前生まれの人は、70％支給です。65歳までに350％早く受給できます。

しかし、65歳以降も30％減額は一生続きますので、65歳から11年8ヵ月で350％がなくなり、65歳支給と総受給額が同額になります。

$$70\% \times 5年 = 350\%$$
$$350\% \div 30\% \fallingdotseq 11.6667（11年8ヵ月）$$
$$65歳 + 11年8ヵ月 = 76歳8ヵ月$$

② 63歳から受給しますと88％支給です。65歳までに176％早く受給できます。しかし、65歳以降も12％（100％−88％）減額が一生続きますので79歳8ヵ月で176％がなくなり、65歳支給と総受給額が同額になります。

$$88\% \times 2年 = 176\%$$
$$176\% \div 12\% \fallingdotseq 14.6667（14年8ヵ月）$$
$$65歳 + 14年8ヵ月 = 79歳8ヵ月$$

③ 60歳から受給した場合、16年8ヵ月後の76歳8ヵ月（60歳＋16年8ヵ月）で同額になります。63歳から受給した場合は、16年8ヵ月後の79歳8ヵ月（63歳＋16年8ヵ月）に同額になります。つまり、繰上げ受給をしたときから16年8ヵ月後に、65歳支給と同額になり、その後、減額が一生続きます。

Q 繰上げ支給をすると、総受給額が同額になるのはいつか
（昭和37年4月2日以降生まれ）

●昭和37年4月2日以降生まれは、20年10ヵ月後

① 60歳から受給しますと、昭和37年4月2日以降生まれの人は、76％支給です。65歳までに380％早く受給できます。

しかし、65歳以降も24％減額は一生続きますので、65歳から15年10ヵ月後の80歳10ヵ月のときに同額となります。

$$76％×5年＝380％$$
$$380％÷24％≒15.8333（15年10ヵ月）$$
$$65歳＋15年10ヵ月＝80歳10ヵ月$$

② 63歳から受給しますと90.4％支給です。65歳までに180.8％早く受給できます。しかし、65歳以降も9.6％（100％－90.4％）減額が一生続きますので83歳10ヵ月で同額となります。

$$90.4％×2年＝180.8％$$
$$180.8％÷9.6％≒18.8333（18年10ヵ月）$$
$$65歳＋18年10ヵ月＝83歳10ヵ月$$

③ 60歳から受給した場合、20年10ヵ月後の80歳10ヵ月（60歳＋20年10ヵ月）で同額になります。63歳で受給した場合は、20年10ヵ月後の83歳10ヵ月（63歳＋20年10ヵ月）に同額になります。つまり、繰上げ受給をしたときから20年10ヵ月後に、65歳支給と同額になり、その後、減額が一生続きます。

Q 報酬比例部分の「繰上げ支給」をすると、老齢基礎年金はどうなるか

●報酬比例部分と老齢基礎年金は同時繰上げ

① 昭和40年8月生まれのA子さんの厚生年金の報酬比例部分は64歳支給で、国民年金の老齢基礎年金は65歳支給です。

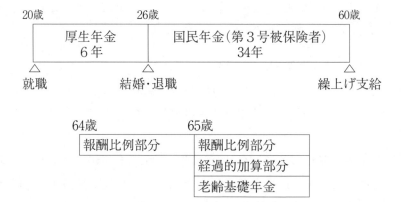

② A子さんが60歳で報酬比例部分の繰上げ支給をすると、65歳支給の経過的加算部分と老齢基礎年金も同時に繰上げ支給をすることが義務付けられています。報酬比例部分は4年（48月）繰上げですので80.8％支給〔100％−(0.4％×48月)〕、経過的加算と老齢基礎年金は5年（60月）繰上げですので76％支給〔100％−(0.4％×60月)〕です。

〔60歳で繰上げ支給〕
60歳

報酬比例部分	80.8％
経過的加算部分	76％
老齢基礎年金	76％

130

Q 繰上げ支給をする人は、年金事務所で「事前相談」を

A ●事前相談の主な内容

① 厚生年金の「繰上げ支給」をして、60歳からの受給を希望する人は、60歳になるまえに、年金事務所に赴き、事前相談をなさるとよいでしょう。主な相談内容はつぎのようです。

（ア） 手続きの仕方

（イ） 60歳時の年金額

（ウ） 在職老齢年金の支給

（エ） 繰上げ支給のメリット・デメリット

② 相談内容は相談者の年金加入歴などで異なります。また、60歳以降も働く人が「私の在職老齢年金はいくらになりますか」と質問しますと、支給額（概算）を教えてくれます。

１日生まれの人が「繰上げ支給」をするときの留意点

４月１日生まれの人が60歳から繰上げ支給をするとき、４月に手続きをしますと、「５月分」からの年金を受給することになります。

それを３月の月末に、繰上げ支給の手続きをしますと、「４月分」からの年金を受給できます。ただし、支給率が１ヵ月分異なります。

繰上げ支給をするときの「年金請求書」の入手方法

A ●様式第101号の「年金請求書」は、年金事務所など
で入手

①　昭和39年10月生まれのＢ子さんに支給される厚生年金の「報酬比例部分の年金」は、64歳支給です。Ｂ子さんは、60歳になったら、報酬比例部分を繰上げ支給することにしました。同時に65歳支給の経過的加算と老齢基礎年金も繰上げ支給になります。

②　そのとき使用する年金請求書ですが、Ｂ子さんに届くのは、報酬比例部分が支給される64歳のときです。これでは60歳の時点に、間に合いません。

　そこで、年金事務所や市区町村役場で用意している様式第101号の年金請求書を使うことになります。

③　なお、多くの金融機関では、この請求書を常備していますから、それで手続きをして下さい。

<table>
<tr><td>**Q**</td><td>繰上げ支給をするとき、年金請求書に添付する書類</td></tr>
</table>

 ①　60歳になったとき、報酬比例部分が61歳、62歳、63歳、64歳支給の人も、「繰上げ支給」をすれば、60歳から受給できます。また、国民年金だけに加入した人も、「繰上げ支給」をすれば、65歳支給の老齢基礎年金を60歳から受給できます。

②　その際、年金請求書に添付して提出する書式があります。1つが「老齢基礎年金・老齢厚生年金支給繰上げ請求書」で、もう1つが「老齢年金の繰上げ請求についてのご確認」です（p.229参照）。

③　その場合、「老齢年金の繰上げ請求についてのご確認」の書式には、書式の裏面下段にある「請求者の氏名欄」に、請求者の氏名を記入することになっています。

　うがった見方をしますと、この「繰上げ請求についてのご確認」は、繰上げ支給をした人からの苦情を防止するための念書ともいえるでしょう。

```
┌─────────────────┐
│   繰上げ請求書        │‥‥
└─────────────────┘   ＼
                          年金請求書に添付する
┌─────────────────┐   ／
│ 繰上げ請求についてのご確認 │‥‥
└─────────────────┘
```

繰上げ支給をするときの注意事項にはどんなものが
あるか

 　　　繰上げ支給の手続きを年金事務所に申し出るとき、提出し
なければならない書式の1つに「老齢年金の繰上げ請求につ
いてのご確認」というのがあります。
　その注意事項のなかから拾い出したのが、次頁以下の繰上げ支給に
伴って生じる給付制限です。

Q　繰上げ支給をすると、国民年金に任意加入できない

A

●**任意加入はできない**

① 国民年金には、強制加入と任意加入とがあります。強制加入とは20歳から59歳の人に適用される加入方法で、任意加入とは60歳から64歳の人に適用される加入方法です。

② 「任意加入」は、誰でも加入できるわけではありません。制約があります。その制約の1つに、国民年金の繰上げ支給をした人は、「国民年金に任意加入できない」というのがあります。

③ ついでの話です。「特別支給の老齢厚生年金」を受給している人で、退職している人のうち、65歳になっても「満額の老齢基礎年金」を受給できない人なら、国民年金に任意加入できます。それが「繰上げ支給」をするとできなくなります。

繰上げ支給をしても、事後重症による障害年金の請求ができるか

 ●**請求はできない**

① 障害基礎（厚生）年金の支給にあたっては、定められた日（原則として初診日から1年6ヵ月経過した日）に認定を行い支給が決まります。その場合、定められた認定日には症状が軽くて障害基礎（厚生）年金を受給できなかったが、その後、症状が悪化して障害基礎（厚生）年金の支給基準に達する場合があります。

② そのようなときは、65歳の誕生日の前々日までなら障害基礎（厚生）年金の請求ができます。これを**事後重症**による障害基礎（厚生）年金の請求といいます。繰上げ支給をしますと、事後重症による障害基礎（厚生）年金の請求ができなくなります。

Q 繰上げ支給をした老齢基礎年金と遺族厚生年金の併給はどうなるか

●併給は65歳になってから

① 遺族厚生年金と老齢基礎年金の併給はできます。それは、65歳になってからの話です。

② 遺族厚生年金の受給者が、60歳のときに老齢基礎年金の繰上げ支給をしますと、65歳になるまでは、遺族厚生年金か、老齢基礎年金か、どちらかの年金を選択して受給することになります。

なお、遺族厚生年金と老齢厚生年金の併給は、老齢厚生年金を優先して支給するのですが、これについては、第7章の遺族年金のところで解説をします。

〔遺族厚生年金と老齢基礎年金の併給は、65歳になってから〕

	60歳	65歳
遺族厚生年金	併給できない	併給できる

③ 参考までに申し上げますと、障害基礎年金と老齢厚生年金との併給も、65歳になってからです。

繰下げ支給の基礎知識

●老齢基礎年金・老齢厚生年金の繰下げ支給

① 65歳前の「特別支給の老齢厚生年金」は、65歳でいったん失権し、65歳になった翌月分から、老齢厚生年金と老齢基礎年金が支給されます。そのため、「特別支給の老齢厚生年金」の受給権者には、65歳の誕生月の月初めに「年金請求書（ハガキ形式）」が送られてきます。

② 国民年金だけの加入者、あるいは、国民年金と1年未満の厚生年金の加入期間のある人には、65歳の3ヵ月前に年金請求書が送られてきます。

③ 年金請求書が届いても、65歳以降の老齢基礎年金または老齢厚生年金を請求せず、1年以上遅らせ、66歳以降から受給することを「繰下げ支給」といいます。

④ 66歳以降「繰下げ支給」の申出をしますと、申出した翌月分から、増額された年金が支給されます。

【繰下げ支給と加算額】

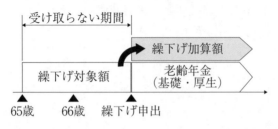

繰下げ支給の基礎知識

●繰下げ増額率は１ヵ月当たり0.7%

① 65歳支給の老齢基礎年金、老齢厚生年金を66歳以降に繰下げ支給をしますと、１ヵ月当たり0.7%ずつ年金額が増額されます。

$$増額率＝繰下げ月数×0.7\%$$

② 繰下げ支給ができる上限年齢は「70歳」まででしたが、令和４年４月以降70歳になる昭和27年４月２日以降生まれの人から「75歳」まで引き上げられました。１ヵ月当たりの増額率0.7%は同じです。

③ 昭和27年４月１日以前生まれの人は最大５年遅らせて42%増（0.7%×60月）の年金を、昭和27年４月２日以降生まれの人は最大10年遅らせて84%増（0.7%×120月）の年金を受給できます。

繰下げ支給率

（数字は％）

月 年齢	0月	1月	2月	3月	4月	5月	6月	7月	8月	9月	10月	11月
65歳	100.0	100.0	100.0	100.0	100.0	100.0	100.0	100.0	100.0	100.0	100.0	100.0
66歳	108.4	109.1	109.8	110.5	111.2	111.9	112.6	113.3	114.0	114.7	115.4	116.1
67歳	116.8	117.5	118.2	118.9	119.6	120.3	121.0	121.7	122.4	123.1	123.8	124.5
68歳	125.2	125.9	126.6	127.3	128.0	128.7	129.4	130.1	130.8	131.5	132.2	132.9
69歳	133.6	134.3	135.0	135.7	136.4	137.1	137.8	138.5	139.2	139.9	140.6	141.3
70歳	142.0	142.7	143.4	144.1	144.8	145.5	146.2	146.9	147.6	148.3	149.0	149.7
71歳	150.4	151.1	151.8	152.5	153.2	153.9	154.6	155.3	156.0	156.7	157.4	158.1
72歳	158.8	159.5	160.2	160.9	161.6	162.3	163.0	163.7	164.4	165.1	165.8	166.5
73歳	167.2	167.9	168.6	169.3	170.0	170.7	171.4	172.1	172.8	173.5	174.2	174.9
74歳	175.6	176.3	177.0	177.7	178.4	179.1	179.8	180.5	181.2	181.9	182.6	183.3
75歳	184.0（以降同じ）											

繰下げ支給の基礎知識

●繰下げの注意点

① 66歳までに障害年金や遺族年金など他の年金の受給権のある人は、繰下げ支給はできません。66歳以降に遺族年金などが発生したときは、その時点で増額率が固定されます。

② 増額の対象になるのは、65歳の前月まで加入した年金です。65歳以降加入した厚生年金は、繰下げ待機中は支給されず、また増額の対象外です。

③ 繰下げ待機中に厚生年金に加入している場合、在職による支給停止の部分は増額の対象外です。在職中でも、繰下げ支給をしていなければ支給された部分が、増額の対象です。

④ 老齢基礎年金に加算される振替加算や老齢厚生年金の加給年金は、繰下げ待機中は支給されず、また増額の対象外です。

【65歳以降　在職中の繰下げの対象額】

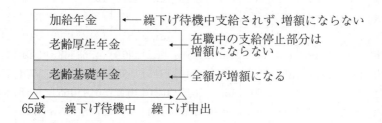

140

Q 繰下げ支給をすると総受給額が逆転するのはいつか

A ●繰下げ支給後、11年11ヵ月で総受給額が逆転

① 繰下げ受給をしますと、65歳時の年金額に1ヵ月当たり0.7％の繰下げ加算額が加算されます。

② たとえば3年（36月）遅らせて68歳から受給をすると25.2％（0.7％×36月）が加算されます。65歳時の年金額を100％とすると68歳以後125.2％の年金額が終身受給できます。

③ 3年間受給しなかった300％の年金額は、68歳から25.2％増の年金額を受給できますから、受給後11年11ヵ月後の79歳11ヵ月（68歳＋11年11ヵ月）でモトがとれることになります。

300％÷25.2％≒11.9（11年11ヵ月）

④ 70歳から繰下げ受給した場合は、42.0％（0.7％×60月）増の年金を終身受給できます。受給しなかった500％の年金は、受給後11年11ヵ月後の81歳11ヵ月（70歳＋11年11ヵ月）で、モトがとれることになります。

500％÷42.0％≒11.9（11年11ヵ月）

繰下げ支給の基礎知識

●こんな人は「繰下げ支給」ができない

① 「繰上げ支給」をした人 61歳、62歳、63歳、64歳支給の報酬比例部分の年金を「繰上げ」て受給した人は、「繰下げ支給」をして年金額を増やすことはできません。

② 遺族年金を受給している人 A子さんは遺族厚生年金を受給しています。A子さんのように、66歳になる前に遺族年金を受給している人は、ご自分の掛けた国民年金や厚生年金を繰下げて受給することはできません。

**繰下げ支給をしている妻に
遺族厚生年金が支給されると**

① 67歳のB子さんは、老齢基礎年金の「繰下げ支給」をしている人です。

② B子さんの夫が亡くなり、「遺族厚生年金」が支給されるようになりました。繰下げ待機中に他の年金（遺族厚生年金）の受給権が発生しますと、その時点で繰下げ支給の増額率は固定します。

③ 遺族厚生年金と老齢基礎年金は併給できますので、B子さんは繰下げ支給をするか、65歳まで遡って受給するかを決めて、速やかに手続きをすることが必要です。

Q 「繰下げ支給」の意思表示は、どのように行うのか

A ●特別支給の老齢厚生年金の受給者は、65歳の「年金請求書（ハガキ形式)」で

① 65歳前の「特別支給の老齢厚生年金」の受給権者には、65歳誕生月の月初めに「年金請求書（ハガキ形式)」が届きます。このハガキで繰下げ支給をするかどうかの意思表示をします。

② ハガキの下の部分に65歳以降の年金の受取方法について、希望する欄にチェックします。チェックする欄は４つあります。

・１は、基礎年金・厚生年金ともに65歳から受給する

・２は、基礎年金のみ65歳から受給し、厚生年金は繰下げる

・３は、厚生年金のみ65歳から受給し、基礎年金は繰下げる

１から３までに✔をしたときは誕生月末までに届くよう提出します。

・４は、両年金とも繰下げを希望するときで、このハガキは提出せず、66歳以降、希望するときに年金事務所に繰下げ申出をします。

年金請求書　兼　年金生活者支援給付金請求書（ハガキ・65歳）

年金請求書　兼　年金生活者支援給付金請求書	令和 △△ 年 △△ 月 △△ 日 提出
この枠内は記入したり、汚したりしないでください。	加給年金額対象者内訳 配偶者　子　　人

下記の加給年金額の対象者は、私が生計を維持していることを申し立てます。

受給権者・加給年金額対象者		住 所			電話番号		
	受給権者	フリガナ		配偶者	フリガナ		
		氏 名			氏 名		
		生年月日			生年月日		
	子	フリガナ		子	フリガナ		
		氏 名			氏 名		
		生年月日		障害		生年月日	障害

希望する年金の受取方法について下枠内のいずれかをチェックしてください。

受取方法欄	1	✓	**基礎**年金・**厚生**年金を両方65歳から受け取る	・今回受け取らなかった年金は75歳までに別途、請求手続きが必要です。
	2	✓	**基礎**年金のみ65歳から受け取る（厚生年金は繰下げ予定）	
	3	✓	**厚生**年金のみ65歳から受け取る（基礎年金は繰下げ予定）	・左記の１または２を選択した方は年金生活者支援給付金を請求することになります。
	4	✓	66歳以降に年金を（繰下げ）請求予定 ※はがきの提出は不要です。	

143

Q 「繰下げ支給」の手続きは、どのように行うか

A ●老齢基礎・厚生年金支給繰下げ請求書（様式第235-1号）で受給手続き

① 65歳になるまで特別支給の老齢厚生年金を受給していた人が、66歳以後繰下げ支給の受給手続きをするときは、「老齢基礎・厚生年金裁定請求書／支給繰下げ請求書（様式第235-1号）」を提出します。持参するものは、65歳になるまで受給していた厚生年金の年金証書です。加給年金または振替加算が加算される場合は戸籍謄本等が必要になります。

② 国民年金だけまたは厚生年金が1年未満でまだ年金を請求していない人は、65歳のときに届いた年金請求書と同時に「老齢基礎年金・老齢厚生年金　支給繰下げ申出書（様式103-1号)」を提出します。

〔繰下げ支給の受給手続きをするとき〕

老齢基礎・厚生年金支給繰下げ申出書

③ 繰下げ支給を取りやめ66歳以後に65歳まで遡って支給を受ける場合も、「老齢基礎・厚生年金裁定請求書／支給繰下げ請求書（様式第235-1号)」の用紙の、「65歳まで遡って受け取ります。」の欄に○印を付けて提出します。

Q 老齢厚生年金の繰下げの増額分がごくわずかなのは
なぜか

 A ●**在職老齢年金による支給停止額は、繰下げ支給の増
額の対象外だから**

① 社長さんが65歳以降、年金を繰下げしました。70歳で繰下
げ支給の手続きをしたところ、老齢基礎年金は42%増えましたが、老
齢厚生年金の増額はわずかでした。

② そのわけは、給料が高かった社長さんの報酬比例部分が、65歳以降も
在職老齢年金によって全額支給停止だったからです。繰下げ支給をして
も、支給停止となった部分は増額にはなりません。繰下げをしなければ
受給できた額が増額の対象になるからです。

③ そのようなわけで、増額の対象となったのは、給料が高くても全額支給
される老齢厚生年金の経過的加算部分と、老齢基礎年金だったからです。

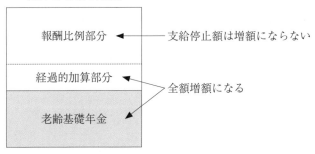

（繰下げ増額の対象）

報酬比例部分	←―支給停止額は増額にならない
経過的加算部分	←―全額増額になる
老齢基礎年金	↗

145

Q 夫が老齢厚生年金の繰下げ支給をすると「配偶者加給」の支給はどうなるか

 ●**配偶者加給は支給停止に**

① 夫が加入した厚生年金は40年で、3歳年下の妻が加入した年金は国民年金に30年加入の例で、この問題の解説をしますと、以下のようです。

② 夫が65歳になりますと、老齢基礎年金と老齢厚生年金が支給されますが、老齢厚生年金の「繰下げ支給」をしますと、老齢厚生年金だけではなく、「配偶者加給」も、支給停止になってしまいます。

③ この状態が、妻が65歳になるまで続いたとします。妻が65歳になりますと、支給停止になっていた「配偶者加給」は支給が終了（失権）し、妻の老齢基礎年金に「振替加算」として、加算されるようになります。

> 支給停止になっている
> 夫の配偶者加給 —妻が65歳→ 妻の老齢基礎年金に
> 振替加算として加算

Q 70歳からの受給希望者、予定変更をして、65歳から年金を受給できるか

　68歳のサラリーマンです。私は65歳支給の老齢基礎年金と老齢厚生年金の「繰下げ支給」をし、70歳から受給する予定でしたが、家の改築をするため、お金が必要となりました。

　予定を変更して、65歳まで遡及し、厚生年金を受給できますか。

A ●65歳からの厚生年金を一括して受給できる

　このような場合、65歳から68歳までの約３年の厚生年金を受給できます。ただし、支給額は、65歳のときの年金額で、繰下げ支給に伴う割増しはつきません。

> **繰下げ中の厚生年金を
> 遡及して受給した話**
>
> ①　Ａ夫さんは、65歳支給の老齢基礎年金と老齢厚生年金の「繰下げ支給」をして、70歳からの受給を希望し、日本年金機構から送られてきた「年金請求書」を返送しなかった人です。
>
> ②　このＡ夫さんが69歳になったときのことです。台風による風水害で、自宅が損傷してしまい、お金が必要となりました。そこで、頭に浮かんだのが「繰下げをしている厚生年金」を65歳まで遡及して受給する方法です。
>
> ③　Ａ夫さんは65歳まで遡及をして得た４年分の年金を一括して受給し、自宅を補修することができました。

「繰下げ支給」は、得か、損か

A

●寿命で決まる

① 65歳支給の年金を遅らせ、繰下げ支給をして1ヵ月当たり0.7％、1年遅らせると8.4％増額された年金が生涯続く。低金利の現在、「繰下げ支給」は魅力的な年金の受給方法といえるでしょう。

② 繰下げ支給は繰上げ受給と異なり、老齢基礎年金と老齢厚生年金を、㋐両年金とも同時に繰下げる、㋑一方の年金は65歳から受給し他方だけ繰り下げる、㋒受給開始年齢をずらして受給する等、受給開始年齢を選択できます。

③ 法改正で、昭和27年4月2日以降生まれの人から繰下げ支給の上限年齢が75歳まで延長されました。繰下げ支給は「何歳まで」と事前に決めることはできませんが、66歳以降ならいつからでも繰下げ受給ができます。

④ 65歳までかけた年金を繰下げ受給して、65歳から受給したときと受給総額が同額になるのは、単純計算で11年11月後です。70歳から受給した場合は「81歳11月」のときです。

⑤ 加給年金や振替加算、また65歳以降加入した厚生年金は増額にはなりませんので、同額になるのはさらに遅れます。したがって、繰下げ支給をして「得か、損か」は、寿命次第です。

第 5 章

在職老齢年金

在職老齢年金の基礎知識

●在職老齢年金とは

① 老齢厚生年金をもらえる人が引き続き厚生年金に加入していますと、給料や賞与の額により、年金の一部または全部の額が支給停止になる場合があります。このように、在職中の人に支給される老齢厚生年金を在職老齢年金といいます。

② 在職老齢年金として年金が減額になるのは、老齢厚生年金を受給中の人が厚生年金に加入している場合です。勤めていても、厚生年金に加入していなければ、在職老齢年金にはならず、収入の額にかかわらず年金は全額支給です。

③ ただし、例外が二つあります。一つは会社に勤めている70歳以上の人です。もう一つが国会や地方公共団体の議会の議員です。この人達は、厚生年金には加入していなくても、在職老齢年金が適用されています。この人達以外は、厚生年金に加入していなければ、年金は全額支給です。

在職老齢年金の基礎知識

●在職老齢年金に用いられる用語

① 在職老齢年金は賞与込みの月収（総報酬月額相当額）と、在職老齢年金の対象の報酬比例部分の月額と、支給停止額を計算する基準額（令和6年度は50万円）から算出します。

総報酬月額相当額	報酬比例部分の月額

基準額
（50万円）

② 総報酬月額相当額とは、給料（標準報酬月額※1）と、直近1年間のボーナス（標準賞与額※2）の12分の1の合計額です。

※1 標準報酬月額…事業所は毎年、被保険者の給料を32等級の区切りの良い幅で区分した標準報酬月額表（p.102参照）に当てはめ、年金事務所に届出ています。この標準報酬月額が保険料や年金の計算に使用されます。

※2 標準賞与額…1回のボーナスの上限を150万円とし千円未満を切り捨てた額です。事業所はボーナスを支給するつど、年金事務所に届出ています。この標準賞与額も保険料や年金の計算に使用されます。

総報酬月額相当額	=	標準報酬月額	+	直近1年間の標準賞与額÷12

〔例〕標準報酬月額が20万円で、ボーナスが年間42万円の人の総報酬月額相当額は23万5千万円です。

算出式　　20万円+42万円÷12＝23万5千円

151

在職老齢年金の基礎知識

●基準額は、65歳未満も65歳以上も50万円（令和6年度）

① 在職老齢年金は、総報酬月額相当額と報酬比例部分月額との合計額が一定の額を超えますと、年金の一部または全額が支給停止になります。その一定の額を基準額といいます。

② 令和4年3月までは、65歳未満の基準額は「28万円」、65歳以上は「47万円」でした。それが、令和4年4月から支給停止になる基準額が65歳未満も65歳以上と同じ「47万円」に統一され、さらに令和6年度は「50万円」になりました。

③ 在職老齢年金は、賞与込みの給料（総報酬月額相当額）と報酬比例部分の月額の合計が基準額を超えた2分の1が支給停止になるしくみです。65歳未満の人の基準額が「28万円」から「50万円」に緩和されましたので、支給停止になる人は大幅に減少しました。

65歳未満の基準額は50万円（令和6年度）

支給停止額 ＝（総報酬月額相当額＋年金月額－28万円）× $\frac{1}{2}$

令和4年4月 ⇩

47万円に統一

令和6年4月 ⇩

50万円に改定

在職老齢年金の基礎知識

●総報酬月額相当額と年金月額の合計が50万円以下のとき

① 　令和4年4月からは65歳未満の人の基準額は47万円でしたが、令和6年4月以降は50万円に改定されました。総報酬月額相当額と年金月額の合計額が「50万円以下」なら、年金は支給停止にならず全額支給です。

② 　A子さんの総報酬月額相当額は15万円で、年金月額は5万円です。
B夫さんの総報酬月額相当額は25万円で、年金月額は10万円です。
A子さんもB夫さんも、総報酬月額相当額と年金月額の合計額が、基準額の50万円以下ですから、年金は全額支給です。

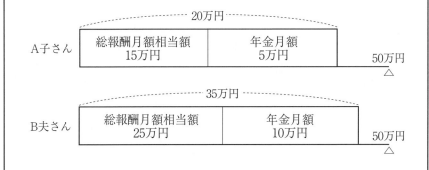

在職老齢年金の基礎知識

● 総報酬月額相当額と年金月額の合計が50万円を超えるとき

$$支給停止額 = (総報酬月額相当額 + 年金月額 - 50万円) \times \frac{1}{2}$$

　総報酬月額相当額と年金月額の合計額が50万円を超えますと、超えた額の２分の１の額が支給停止になります。

〔例〕総報酬月額相当額が40万円で年金月額12万円のときは、合計52万円です。基準額の50万円を２万円超えていますから、２分の１の１万円が支給停止になり、年金は11万円支給です。

支給停止額　　　$10,000円 = (400,000円 + 120,000円 - 500,000円) \times \frac{1}{2}$

在職老齢年金　　$110,000円 = 120,000円 - 10,000円$

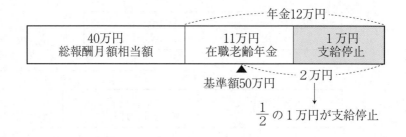

在職老齢年金の基礎知識

●支給停止額が年金月額以上のときは全額支給停止

　支給停止額が年金月額以上のときは、在職老齢年金の対象である報酬比例部分は全額支給停止です。その場合でも、65歳以降の経過的加算と老齢基礎年金は、対象外ですから支給されます。

〔例１〕総報酬月額相当額が60万円で年金月額が10万円のときは、合計70万円です。基準額の50万円を20万円超えていますから、2分の１の10万円が支給停止額です。支給停止額が年金月額と同額ですから報酬比例部分は全額支給停止です。

支給停止額　　　100,000円 =（600,000円 +100,000円 −500,000円）× $\frac{1}{2}$

在職老齢年金　　　0円 = 100,000円 − 100,000円

〔例２〕総報酬月額相当額が62万円で年金月額が11万円のときは、合計73万円です。基準額の50万円を23万円超えていますから、2分の１の11万５千円が支給停止額です。支給停止額が年金月額を超えていますから報酬比例部分は全額支給停止です。

支給停止額　　　115,000円 =（620,000円 +110,000円 −500,000円）× $\frac{1}{2}$

在職老齢年金　　　0円 = 110,000円 <115,000円

Q 在職老齢年金で加給年金はどうなるか

A ●全額支給停止のときは、加給年金も支給されない

① 社長さんは、給料が高いので報酬比例部分の年金が全額支給停止です。なのに、老齢厚生年金を受給しています。

② そのわけは、65歳から支給される経過的加算は、老齢厚生年金として支給されますが、在職老齢年金の対象外だからです。

③ 同時に65歳から支給される加給年金は、報酬比例部分が少しでも支給されるときは、全額支給されます。しかし、報酬比例部分が全額停止のときは、加給年金（配偶者加給）も全額支給停止になるのです。

④ 給料の高い社長さんに支給される報酬比例部分の年金は全額支給停止ですから、配偶者加給も停止になるのです。

〔在職老齢年金が全額停止のときは、加給年金も停止〕

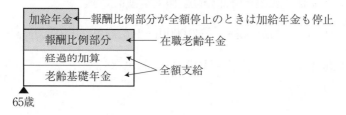

156

在職老齢年金をもらえない人も受給手続きは必要か

A

●在職老齢年金の受給手続きは必要

①　給料が多くて在職老齢年金をもらえない人であっても、報酬比例部分の支給年齢に達したら、「年金請求書」を年金事務所に提出しなければなりません。

年金請求書を提出しますと、日本年金機構から「年金証書」が届きます。年金証書には報酬比例部分の年金額がでていますが、それと同額が支給停止額の欄に載っていて、年金証書の支給額（年金額）は「ゼロ」となっています。

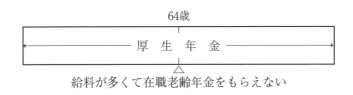

64歳

厚　生　年　金

給料が多くて在職老齢年金をもらえない

②　「支給額がゼロ」となっている人の年金証書の持つ意味は「あなたは老齢年金の支給年齢に達しましたが、全額、支給停止で在職老齢年金を受給できません」という意味です。

③　支給額が「ゼロ」であっても、給料が下がれば自動的に支給されますし、65歳前の厚生年金は、手続きを遅らせても得になることは何もないからです。

〔事例〕繰上げ支給と在職老齢年金

相談者　会社勤めをしている59歳の主婦

　私が60歳になりますと、加入した年金は国民年金が36年で、厚生年金は4年になります。

　私は65歳になるまで勤めますが、「64歳支給」の厚生年金を繰上げて、60歳から受給しますと、年金支給はどうなりますか。なお、私の年収は、約200万円です。

●65歳支給のすべての年金を60歳から受給できる

①　64歳支給の厚生年金（報酬比例部分）を繰上げて60歳から受給しますと、65歳支給の国民年金（老齢基礎年金）や、経過的加算部分の年金も、60歳支給となります。

②　このうち、在職老齢年金の対象となるのは、繰上げ減額後の報酬比例部分と経過的加算部分です。繰上げ支給をしますと、65歳になるまでは経過的加算部分も在職老齢年金の対象です。賞与込みの給料（総報酬月額相当額）と年金月額の合計額が50万円以下ですと支給停止はありません。

Q 給料が30万円で、年間ボーナスが120万円、厚生年金が12万円の人の在職老齢年金は「11万円」

A ●**在職老齢年金11万円の算出方法**

① この稿で取り上げた人とは、昭和34年4月2日から36年4月1日の間に生まれた男子で、64歳支給の報酬比例部分が月額12万円の人が、64歳になったときに支給される在職老齢年金です。

② 総報酬月額相当額は、給料の30万円とボーナス（直近1年間）の120万円とから算出します。総報酬月額相当額は40万円になります。

```
┌─────────────────────┐
│ ボーナス 10万円 ◀──120万円÷12月 ⎫
│                                  ⎬ 40万円
│ 給  料  30万円                   ⎭
└─────────────────────┘
```

③ 在職老齢年金は、総報酬月額相当額の40万円と、厚生年金の12万円とから算出します。在職老齢年金は「11万円」になります。

支給停止額　　　$10{,}000円 = (400{,}000円 + 120{,}000円 - 500{,}000円) \times \dfrac{1}{2}$

在職老齢年金　　$110{,}000円 = 120{,}000円 - 10{,}000円$

〔年金図で解説〕

① 前頁を図で説明します。総報酬月額相当額と、厚生年金との合計額は52万円（40万円＋12万円）ですが、52万円のうち基準額の50万円を超える2万円（52万円－50万円）から在職老齢年金を算出します。

② 2万円の2分の1は支給停止ですから、支給停止額は1万円です。

③ 厚生年金の12万円から支給停止額の1万円を引きます。答えは11万円です。この11万円が在職老齢年金になります。総報酬月額相当額40万円と合わせ、合計収入は51万円です。

Q 在職老齢年金の支給額が変わるとき

 A ●**総報酬月額相当額と年金額が変わったとき**

① 　在職老齢年金は、計算の「もと」となる総報酬月額相当額や報酬比例部分の年金額が変わりますと、支給額が変わります。

② 　在職中、給料（標準報酬月額）や、直近１年間の賞与額（標準賞与額）が変わりますと、総報酬月額相当額が変わります。

③ 　年金額は、次の場合に改定されます。

・65歳未満の人は、65歳になったとき、または、65歳前に退職したときに年金額が再計算されます。

・65歳以上の人は、令和４年度から在職定時改定が導入され、毎年８月までかけた分が10月分から年金に加算されるようになりました。また、70歳前に退職したとき、70歳になったときにも加算されます。

④ 　総報酬月額相当額や年金額が変わっても、合計で50万円以内ですと年金は全額支給です。年金額が変わりますと、その都度「支給額変更通知書」が届きます。

年金額の改定 ➡ 「支給額変更通知書」が届く

●**支給停止になる基準額の50万円は固定ではない**

① 　在職老齢年金の基準額は、平成16年の法律改正で「48万円」に定められました。その後、毎年、賃金と物価の変動率をかけて１万円単位でスライドする仕組みになっています。令和６年度の基準額は50万円です。

在職老齢年金の基準額の経過

H22.4〜	H23.4〜	H27.4〜	H29.4〜	H31.4〜	R5.4〜	R6.4
47万円	46万円	47万円	46万円	47万円	48万円	50万円

② 　賞与込みの給料（総報酬月額相当額）と年金の合計額が50万円までは、年金は全額支給です。しかし、50万円を超えますと超えた額の２分の１が支給停止になります。

③ 　給料が増えますと停止額も増えますが、停止額が増えるのは給料が増えた分の２分の１ですから、合計収入は増えます。

〔例　年金月額が10万円の場合〕

給　料 （総報酬月額相当額）	支給停止額	年金支給額	合計収入 （給料＋年金）
370,000円	0円	100,000円	470,000円
410,000円	▲ 5,000円	95,000円	505,000円
450,000円	▲25,000円	75,000円	525,000円
490,000円	▲45,000円	55,000円	545,000円

第 6 章

障 害 年 金

障害年金の基礎知識

●障害基礎年金・障害厚生年金

① **障害基礎年金**　障害基礎年金は国民年金に加入しているとき「初診日」のある人に支給されます。「初診日」とは、その障害の原因となった病気やケガで最初に医師または歯科医師の診療を受けた日のことです。

② **障害厚生年金**　障害厚生年金は厚生年金に加入しているとき「初診日」のある人に支給されます。したがって、厚生年金に加入中に初診日があり障害等級が１級・２級と認定されますと、障害基礎年金と障害厚生年金が支給されるのです。

③　以上を分かり易く説明しますと、国民年金だけに加入している専業主婦や自営業の人が病気やケガをしますと、「障害基礎年金」が支給されます。

　　民間会社や官庁にお勤めの人は厚生年金と国民年金の加入者ですから、病気やケガをしますと、「障害基礎年金」と「障害厚生年金」が支給されるのです。

障害年金の基礎知識

●障害等級は１級から手当金までの４段階

① 　病気やケガをしたときの障害等級には、その症状の重い方から、１級、２級、３級と障害手当金とがあります。このうち、障害等級が１級から３級までに該当しますと年金として支給されますが、障害手当金は年金ではなく一時金です。

② 　**障害基礎年金** 　国民年金の加入者に支給される障害基礎年金には、１級と２級の障害年金がありますが、３級の障害年金や手当金はありません。

③ 　**障害厚生年金** 　厚生年金の加入者に支給される障害厚生年金には、１級と２級と３級の障害年金と、一時金として支給される障害手当金とがあります。

障害等級	障害基礎年金	障害厚生年金
１級	○	○
２級	○	○
３級	×	○
手当金	×	○

○……支給される
×……支給されない

障害年金の基礎知識

●ケガや病気をしたときの障害認定日とは

① **障害認定日** 障害認定日とは、ケガをしたときや、病気になったときに、そのケガや病気の程度が障害年金に該当するかどうかを決める日のことをいいます。

② ケガをしたときの障害認定日は、その症状が固定した日、あるいは、治療の効果が期待できない日のことをいいます。例えば、片足を切断したときは「切断した日」をいいます。

　病気になったときは、「初診日」から「1年6ヵ月」を経過した日を障害認定日といいます。

③ **事後重症** 初診日から1年6ヵ月たったときの症状では、障害年金に該当しなかったが、その後、症状が悪化したときには、65歳の誕生日の前々日までなら障害年金を請求することができます。これを事後重症による障害年金の請求といいます。

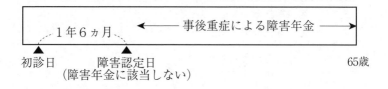

障害年金の基礎知識

●障害基礎年金・障害厚生年金の年金額

障害基礎年金額

１級の障害 基 礎 年 金	1,020,000円 (1,017,125円)	①障害基礎年金の受給者に18歳の年度末 までの子がいますと、加算があります。
２級の障害 基 礎 年 金	816,000円 (813,700円)	②子の加算額は加給年金(p.176)と同額です。

※（　　）は S31.4.1以前生まれの年金額です。

障害厚生年金額

２級の障害厚生年金……①の額＋②の額

① $\dfrac{\text{平均標準報酬月額}}{\text{（平成15年３月以前）}} \times \dfrac{7.125}{1,000} \times \text{月数}$

② $\dfrac{\text{平均標準報酬額}}{\text{（平成15年４月以降）}} \times \dfrac{5.481}{1,000} \times \text{月数}$

〔加入月数が300月未満のときは300月として計算〕

$$\text{障害厚生年金} = (\text{①の年金額} + \text{②の年金額}) \times \dfrac{300\text{月}}{\text{①の月数} + \text{②の月数}}$$

１級の障害厚生年金……２級の障害厚生年金×1.25

３級の障害厚生年金……２級と同額です。

配偶者の加給年金　……１級と２級の障害厚生年金に加算されます。

注①障害厚生年金を計算する月数は、障害認定日までの月数です。
　②障害年金受給後に配偶者や子を扶養するようになったときも、加
　　給年金が支給されるようになりました（平成23年４月）。

障害年金の基礎知識

●障害年金と他の給付との組合わせ

① **給料と障害年金**　障害年金を受給している人のなかには、会社で働き給料をもらっている人がいます。給料と障害年金は両方もらえます。

② **傷病手当金と障害年金**　健康保険の傷病手当金と厚生年金の障害年金が同時に支給される場合は、障害年金が支給され傷病手当金が支給停止になります。ただし、傷病手当金の方が障害年金より支給額が多いときは、障害年金が全額支給され差額が傷病手当金として支給されます。

③ **雇用保険と障害年金**　たとえば、3指を切断して「3級の障害厚生年金」を受給している人であっても働くことができます。この場合、雇用保険の「基本手当」や「高年齢雇用継続給付金」を受給しても、障害年金は支給停止になりません。

基本手当（雇用保険）	
3級の障害厚生年金	両方、受給できる

障害年金の基礎知識

④　**労災保険と障害年金**　業務上や通勤途上でケガをしたり、死亡したりしますと、労災保険から障害補償年金や遺族補償年金が支給されます。このようなとき、労災保険は減額支給となります。

厚生年金 / 労災保険	厚　　　生　　　年　　　金		
	旧法の障害年金	新法の障害年金	新法の障害厚生年金と障害基礎年金
障害補償年金	0.74	0.83	0.73
傷病補償年金	0.75	0.88	0.73
遺族補償年金	旧法の遺族年金	新法の遺族厚生年金	新法の遺族厚生年金と遺族基礎年金
	0.80	0.84	0.80

〔仕事中のケガは、厚生年金と労災保険の両方から〕

Q	サラリーマンが大ケガをすると障害基礎年金と障害厚生年金

A	●１級・２級の障害年金の支給内容

厚生年金に加入中のＡ夫さんは「釣り」をしていたとき、岩から滑り落ち、車椅子生活になりました。Ａ夫さんのケガは「２級障害」と認定され、障害基礎年金と障害厚生年金が支給されました。

●障害基礎年金には１級と２級とがあるが３級はない

障害基礎年金は国民年金から支給される年金ですが、厚生年金の加入者は国民年金の加入者でもありますから、２級障害のＡ夫さんには障害基礎年金が支給されることになったのです。支給額は「満額の老齢基礎年金」と同額で、18歳未満の子がいますと、子の加算がつきます。

●障害厚生年金には１級と２級と３級と手当金がある

① 障害厚生年金には１級と２級と３級と手当金があります。障害厚生年金の２級は、報酬比例部分と同じ算出式で年金額を算出します。加入月数は障害認定日までの月数です。加入月数が300月（25年）未満の場合は、年金額が少ない額とならないよう、300月として計算されます。

② １級の障害厚生年金は、２級の障害厚生年金の1.25倍です。３級の障害厚生年金は、２級の障害厚生年金と同額です。１級と２級の障害厚生年金の受給者に配偶者がいますと、加給年金が加算されますが、３級の障害厚生年金には配偶者がいても、加給年金は支給されません。

Q 初診日まえの保険料納付の条件と、保険料納付の特例

A ●初診日まえの保険料納付済期間が全期間の「３分の２」以上

　　障害年金の請求に当たっては、初診日まえの保険料納付済期間が、初診日まえの加入期間の「３分の２以上」あることが必要です。これには特例があります。

●初診日の前々月まで継続して１年以上、保険料を納付していれば障害年金の請求ができる

　保険料の３分の２要件を満たしていない場合でも、「初診日の前々月」まで、継続して、保険料を「１年以上」納付または免除（猶予を含む）していれば、障害年金の請求ができます。

　この特例の有効期限は令和８年３月までです。また、この保険料の特例は「遺族年金」の請求にも適用されます。

〔初診日の前々月まで１年以上保険料を納付していれば初診日に加入していた年金制度から、障害年金を支給〕

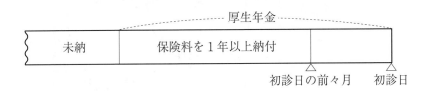

Q 病気になったとき、障害年金の支給はいつから始まるか

A ●**初診日から1年6ヵ月を経過した月の翌月から**

① 病気になったら、直ちに障害年金（障害基礎年金・障害厚生年金）が支給されるわけではありません。通常は「初診日から数えて1年6ヵ月」たった日の翌月から支給されます。

② つけ加えますと、初診日から1年6ヵ月たった日を**「障害認定日」**といいます。この障害認定日に障害等級に該当しますと、障害認定日に障害年金の権利が発生し、翌月から障害年金が支給されるのです。

初診日　　　　　　　　　　　　　障害認定日　支給は翌月から

〔**支給は初診日から1年6ヵ月後**〕

Q 「事後重症による障害年金」とは

A ●初診日から1年6ヵ月以降に病状がすすんだとき

① 初診日から1年6ヵ月たった「障害認定日」の症状では、障害年金の認定基準に達していませんでしたので障害年金をもらえませんでした。

② ところが、その後、症状がすすみ認定基準に達することもあります。そのようなときには、改めて障害年金の請求ができます。これを「事後重症による障害年金の請求」といいます。

③ 事後重症による障害年金を請求できる期限は、65歳の誕生日の前々日までです。また、年金支給は請求月の翌月からです。

〔**事後重症による障害年金**〕

④ 60歳になったとき、病弱だから老齢基礎年金を早くもらいたいと言って、老齢基礎年金の「繰上げ支給」をしますと、事後重症による障害年金の請求ができなくなります。

Q 人工透析を行うと、障害等級は何級か

A ●障害等級は２級に

① 専業主婦のＡ子さんは国民年金の第３号被保険者です。このＡ子さんの慢性腎不全は徐々に悪化し、「人工透析」をすることになりました。

② 人工透析をしますと、初診日から１年６ヵ月経過していなくても、透析療法を開始して３ヵ月たった日が「障害認定日」となり、障害等級は「２級」と認定されます。

③ Ａ子さんの場合、最初に医師の診察を受けた初診日に加入していた年金が国民年金でしたので、２級の「障害基礎年金」を受給できました。
　　なお、透析をしたとき国民年金でも、初診日には厚生年金だったというときは、２級の障害基礎年金と障害厚生年金が支給されます。

〔２級の障害基礎年金と、２級の障害厚生年金が支給される〕

Q 心臓にペースメーカーや人工弁を装着したときの障害等級は

●障害等級は３級に

① 厚生年金に加入中の人が心疾患で、心臓にペースメーカーを装着しますと、障害等級は３級と認定されます。初診日から１年６ヵ月経過しなくても装着した日に「障害厚生年金」が請求できます。

② なお、病状が長期にわたって安静を必要とし、日常生活に著しい制限を加えるようなときは、３級より上位等級に認定されることがあります。

③ また、人工弁を装着したときや、あるいは人工肛門を造設したときの障害等級は３級です。

国民年金の障害等級には３級はない

① 国民年金には３級の障害等級はありませんから、国民年金加入中にペースメーカーを装着しても、障害年金は受給できません。

② ３級の障害等級の人は、老齢厚生年金の障害者特例により、定額部分の年金を早く受給できます。

Q 障害基礎年金には子の加算を、障害厚生年金には配偶者の加算を

●加算額は加給年金と同額

① 　1級と2級の障害年金には配偶者や子の加算があります。加算額は加給年金と同額です。

② 　子の加算は、障害基礎年金に加算されます。また、配偶者の加算（第1子、第2子の加給年金と同額）は、1級と2級の障害厚生年金に加算されますが、3級の障害年金には加算されません。

③ 　なお、子の加算は、子が18歳になったときの年度末まで支給されますが、その後は打ち切りです。配偶者の加算は配偶者が65歳になるまでで、その後は配偶者の老齢基礎年金に振替加算として支給されます。

子 の 加 算		配偶者の加算
障害基礎年金		障害厚生年金

配偶者の加給年金額	子の加算額	
234,800円	第1子、第2子	各234,800円
	第3子以降	各78,300円

Q 障害年金を受給後に結婚した妻や子にも加給年金を
支給

A ●子の加給年金は障害基礎年金に、妻の加給年金は障害厚生年金に

① 障害基礎年金には「子の加算」が、障害厚生年金には「配偶者の加算」が支給されますが、対象となるのは、障害年金の受給権を得たときに生計維持の関係がある配偶者や子に限られていました。

② それが受給権発生後に結婚をした配偶者や、受給権発生後に出生した子にも加算がつくようになりました（平成23年4月）。この措置は、既に障害基礎年金や障害厚生年金を受給している人だけでなく、旧法の障害年金を受給している人にも適用されます。

〔子や配偶者への加算金はいくらになるか〕

① 障害基礎年金には「子の加算」が、2級以上の障害厚生年金には「配偶者の加算」が上積みされて支給されます。これらの加算金はいくらになるでしょうか。

② 子の加算金は「加給年金」と同額ですが、配偶者の加算金は、老齢厚生年金の「配偶者加給」と同額ではありません。といいますのは、支給額は子に対する「加給年金」と同額で「特別加算」は支給されないからです。なお、配偶者に支給される加給年金の支給は、配偶者が65歳になるまでで、その後は、配偶者の「振替加算」になります。

障害手当金はどのようなときに受給できるか

●3級の障害よりやや軽い程度の障害が残ったとき

① 障害手当金は、次の要件に該当したときに受けられます。

・傷病の初診日が厚生年金加入中にあること

・初診日から5年以内にその症状が治って（固定して）いること

・3級障害よりやや軽い程度の障害が残っていること

② 例えば、一眼の視力が0.1以下に減じたとか、一耳の聴力が耳殻に接しなければ大声による話も聞こえない状態、あるいは、片手の2指を失ったときなどです。

③ 障害手当金は、年金ではなく、3級の障害厚生年金の2年分が一時金として支給されます。最低保障額は1,224,000円です。

④ なお、国民年金、厚生年金や労災保険から年金を受給しているときは、支給されません。

⑤ 請求手続きは、障害厚生年金の手続きと同じです。「障害給付裁定請求書」を年金事務所に提出します。

⑥ 傷病が治った日から5年を過ぎると、時効により請求できません。

A

●**国民年金に任意加入しなかった人が病気やケガをしたとき**

　①　障害年金は初診日に加入していた年金制度から支給されます。ですから、初診日に公的年金に加入していませんと障害年金は支給されません。

②　一方、国民年金には任意加入の制度がありました。問題は任意加入できた人が任意加入していないときの病気やケガの扱いです。

③　この人達にも障害年金が支給されることになりました。令和6年度の支給額は1級障害者には月額55,350円で、2級障害者には月額44,280円です。対象になる人は、学生と主婦の任意未加入期間の障害です。

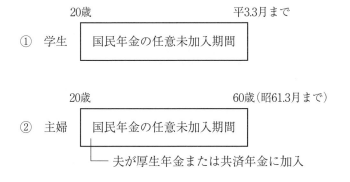

第 7 章

遺 族 年 金

遺族年金の基礎知識

●遺族年金の種類

　年金の加入者や受給権者が死亡しますと、その人に生計を維持されていた一定の遺族が受けられるのが遺族年金です。遺族年金には、遺族基礎年金と遺族厚生年金があります。このほかに、国民年金には寡婦年金と死亡一時金があります。

① 国民年金の遺族給付

遺族基礎年金	・子のある夫または妻、または、子に支給（子は18歳の年度末まで、障害のある子は20歳になるまで）。
寡婦年金	・国民年金の第1号被保険者の夫が死亡したとき、妻に支給。
死亡一時金	・3年以上国民年金の保険料を納付した人が、年金受給前に死亡したとき。

② 厚生年金の遺族給付

遺族厚生年金	・厚生年金（共済組合も含む）の加入者、または加入者だった人が死亡したとき。
	・子のある配偶者または子には、「遺族基礎年金」も合わせて支給。
	・一定の要件を満たしていると、妻の遺族厚生年金には「中高齢寡婦加算」が加算。

遺族年金の基礎知識

●遺族基礎年金

① 遺族基礎年金は年金（国民年金・厚生年金）の加入者または加入者だった夫または妻が死亡したときに、18歳の年度末（子が障害者のときは20歳未満）までの子がいるときに支給されます。子がいないときは、遺族基礎年金は支給されません。

② 夫または妻に支給される遺族基礎年金の額は、子の数に応じて加算額がつきます。子の遺族基礎年金は、権利は発生しますが親が受給中は支給停止です。

③ 遺族が子だけのときは、子に遺族基礎年金が支給されます。複数の子がいるときは、年金額を等分して各々の子に支給されます。

●遺族基礎年金は子の人数で年金額が決まる

子の数	子のある配偶者に支給される年金額		
	基 本 額	加 算 額	年 金 額
1人のとき	816,000円	234,800円	1,050,800円
2人のとき	816,000円	469,600円	1,285,600円
3人のとき	816,000円	547,900円	1,363,900円

※子のある配偶者が昭和31年4月1日以前生まれのときは、年金額が異なります。

子の数	子のみに支給される年金額		
	基 本 額	加 算 額	年 金 額
1人のとき	816,000円	―	816,000円
2人のとき	816,000円	234,800円	1,050,800円
3人のとき	816,000円	313,100円	1,129,100円

（注）子が3人以上いるときは、3人目以降78,300円ずつ加算。

遺族年金の基礎知識

●保険料未納期間が一定期間以上あると遺族年金が不支給に

① 遺族基礎年金は、被保険者が死亡したときに18歳の年度末までの子がいれば支給されますが、無条件ではありません。死亡した人の年金加入期間が25年以上ある場合は支給されますが、25年未満のときは、被保険者期間中に未納期間が一定期間以上ありますと不支給になります。

② 厚生年金加入中は給料から保険料が天引きされますから納め忘れはありません。国民年金の場合は、自主納付ですので、納め忘れの期間（保険料未納期間）がある人がいます。

③ 未納期間があっても、死亡月の前々月までの全被保険者期間中のうちに加入期間が3分の2以上、または、直近1年の間に未納期間がなければ支給されます。どちらかを満たしていませんと不支給です。免除期間や猶予期間は加入期間に入りますが、未納期間は加入期間に入りません。

184

遺族年金の基礎知識

●寡婦年金は妻が60歳から65歳になるまで支給

① 国民年金の第1号被保険者として保険料を納めた期間（免除期間を含む）が10年以上ある夫が、基礎年金（老齢・障害）を受給する前に死亡しますと、寡婦年金が支給されます。

② 支給されるのは、死亡した夫と10年以上婚姻関係のある妻です。夫が死亡したときに寡婦年金の受給権は発生しますが、支給されるのは妻が60歳から65歳になるまでです。たとえば妻が62歳のとき夫が死亡したときは、妻が65歳になるまでの3年間の支給です。

③ 夫死亡時に子がいるときは、子が18歳の年度末まで遺族基礎年金を受給し、その後、60歳から寡婦年金が支給されます。

④ 寡婦年金の額は、夫が生きていれば65歳から受給できる老齢基礎年金の4分の3の額です。たとえば、第1号被保険者として国民年金の保険料を30年掛けた夫が死亡したときの寡婦年金は、459,000円です。

$$816{,}000円 \times \frac{30年（360月）}{40年（480月）} \times \frac{3}{4} = 459{,}000円$$

⑤ 妻が老齢基礎年金を繰上げ支給していると、寡婦年金は受給できません。

遺族年金の基礎知識

●死亡一時金を受ける条件

① 死亡一時金は、国民年金の第１号被保険者として保険料を３年（36月）以上納めた人が、基礎年金（老齢・障害）をもらわずに死亡し、遺族基礎年金がもらえないときに支給されます。いわば国民年金保険料の掛け捨て防止の役割です。

② 請求できる遺族は、死亡した人と生計を同じくしていた①配偶者、②子、③父母、④孫、⑤祖父母、⑥兄弟姉妹です。受ける順序もこの順です。

死亡一時金の額	
保険料納付済月数 （含む免除換算月数）	支給額
36月以上180月未満	120,000円
180月以上240月未満	145,000円
240月以上300月未満	170,000円
300月以上360月未満	220,000円
360月以上420月未満	270,000円
420月以上	320,000円

免除期間の換算月数	
免 除 の 種 類	月数
４ 分 の １ 免 除	3/4月
半 額 免 除	1/2月
４ 分 の ３ 免 除	1/4月
全 額 免 除	ゼロ

(注) 1.免除期間の月数は保険料を納付した割合に応じて計算されます。
2.付加保険料を３年以上納めた人は、8,500円が加算されます。
3.死亡の翌日から２年を経過すると時効で請求できません。

③ 寡婦年金とは選択ですので両方はもらえませんが、遺族厚生年金をもらっても、死亡一時金は受給できます。

遺族年金の基礎知識

●遺族厚生年金を受ける条件

① 遺族厚生年金は、次のいずれかに該当したときに遺族に支給されます。

1	厚生年金加入中の死亡
2	厚生年金加入中に初診日があり、退職後、初診日から5年以内にその傷病が原因で死亡
3	障害等級1級または2級の障害の状態にある障害厚生（共済）年金受給権者の死亡
4	老齢厚生（退職共済）年金の受給権者又は受給資格期間を満たしている人の死亡（いずれも受給資格期間が原則25年以上あること）

② 上記1・2・3に該当したときは、短期間の加入でも支給されるので遺族厚生年金の「短期要件」といいます。

③ 上記4に該当したときは、遺族厚生年金の「長期要件」といいます。老齢厚生年金は10年以上で受給できますが、遺族厚生年金は、受給資格期間が25年以上必要です。

●18歳の年度末までの子がいると遺族基礎年金も支給

厚生年金の加入者は同時に国民年金の第2号被保険者です。18歳の年度末までの子（1級・2級の障害のある子は20歳未満）がいる場合は、遺族基礎年金と遺族厚生年金がもらえます。

遺族年金の基礎知識

●遺族厚生年金を受給できる遺族

① 遺族厚生年金を受給できるのは、次の遺族です。

第1順位　配偶者、子	・先順位者がいると、後順位者には権
第2順位　父母	利は発生しません。
第3順位　孫	・配偶者は内縁でもよいです。
第4順位　祖父母	

② 子、孫は18歳の年度末まで（1級・2級の障害のある子は20歳未満）。

③ 妻には年齢制限はありません。夫、父母、祖父母は55歳以上であれば、権利は発生しますが、支給は60歳からです。

●遺族年金の「生計維持」とは

① 遺族基礎年金、遺族厚生年金、寡婦年金など遺族年金は、死亡した人に生計を維持されていた遺族に支給されます。その「生計を維持されていた」とは、「生計同一要件」と「収入要件」をいいます。

② 「生計同一要件」は、住民票上同一世帯であることです。住民票上異なっていても、単身赴任、就学、病気療養等の場合は認められます。

③ 「収入要件」は、前年の年収が「850万円未満」、または、所得が「655万5千円未満」であることです。超過している場合でも、定年退職等、おおむね5年以内に減少することを客観的に証明できれば認められます。一時的な収入・所得は除きます。

遺族年金の基礎知識

● **遺族厚生年金の額は、死亡した人の報酬比例部分の３/４の額です**

遺族厚生年金の算出式

遺族厚生年金 ＝ Ⓐ＋Ⓑ

Ⓐ 平成15年３月まで の被保険者期間分 ＝ 平均標準 報酬月額 × $\dfrac{7.125}{1,000}$ × 月数 × $\dfrac{3}{4}$

Ⓑ 平成15年４月以後 の被保険者期間分 ＝ 平均標準 報酬額 × $\dfrac{5.481}{1,000}$ × 月数 × $\dfrac{3}{4}$

① 遺族年金の短期要件〔遺族厚生年金を受ける条件（p.187）の１〜３〕に該当したときは、加入月数が300月未満のときは300月として計算します。

〔300月に直して計算するとき〕

（Ⓐの年金額＋Ⓑの年金額） × $\dfrac{300月}{Ⓐの月数＋Ⓑの月数}$

② 遺族年金の長期要件〔遺族厚生年金を受ける条件（p.187）の４〕に該当したときの加入月数は、実加入月数で計算します。

③ 25年以上加入した人が加入中に死亡したときのように、「短期要件」と「長期要件」どちらにも該当したときは、有利な方を選択します。

④ 老齢厚生年金の繰上げ支給、または、繰下げ支給をした人が死亡した場合でも、遺族厚生年金の額は変わりません。繰上げ、繰下げによる減額分、増額分は計算に入らず、本来額で計算されるからです。

遺族年金の基礎知識

●妻の遺族厚生年金に中高齢寡婦加算が加算されるとき

① 　次のような夫が死亡したときに、妻の年齢が40歳以上、あるいは、遺族基礎年金を失権したときに40歳以上ですと、遺族厚生年金に中高齢寡婦加算が加算されます。支給されるのは妻が65歳になるまでです。

- 夫が在職中に死亡したとき
- 夫が初診日より５年以内に死亡したとき（退職後の死亡）
- 障害厚生年金の１級、２級の状態にある夫が死亡したとき
- 厚生年金を20年以上かけた夫が死亡したとき

② 　中高齢寡婦加算は、老齢基礎年金の満額の４分の３の額です（100円未満四捨五入）。令和６年度は612,000円です。

③ 　夫死亡時に、妻が40歳未満で子がいないときや、厚生年金の加入期間が20年未満の夫が退職後に死亡したときは、中高齢寡婦加算は加算されません。遺族厚生年金は夫の報酬比例部分の４分の３だけです。

④ 　妻が40歳以上でも、遺族基礎年金を受給中は支給停止です。子が18歳の年度末になり遺族基礎年金が終了しますと、翌月から中高齢寡婦加算が支給されます。

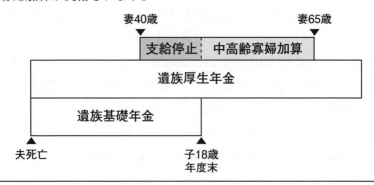

遺族年金の基礎知識

●昭和31年4月1日以前生まれの妻には経過的寡婦加算

① 中高齢寡婦加算は妻が65歳になるまでですが、昭和31年4月1日以前生まれの妻には65歳以降、経過的寡婦加算が支給されます。昭和31年4月2日以降生まれの妻には、経過的寡婦加算は支給されません。

② 何故かというと、65歳以降は遺族厚生年金と妻の老齢基礎年金は両方支給されるからです。サラリーマンの妻が国民年金に強制加入となったのは昭和61年4月です。昭和31年4月1日以前生まれの妻は強制加入になってから日が浅く老齢基礎年金が少ないため、それを経過的寡婦加算で補正するのです。

経過的寡婦加算

妻の生年月日	加算額	妻の生年月日	加算額
昭.2.4.1 以前	610,300円	昭.16.4.2〜昭.17.4.1	305,162円
昭.2.4.2〜昭.3.4.1	579,004円	昭.17.4.2〜昭.18.4.1	284,820円
昭.3.4.2〜昭.4.4.1	550,026円	昭.18.4.2〜昭.19.4.1	264,477円
昭.4.4.2〜昭.5.4.1	523,118円	昭.19.4.2〜昭.20.4.1	244,135円
昭.5.4.2〜昭.6.4.1	498,066円	昭.20.4.2〜昭.21.4.1	223,792円
昭.6.4.2〜昭.7.4.1	474,683円	昭.21.4.2〜昭.22.4.1	203,450円
昭.7.4.2〜昭.8.4.1	452,810円	昭.22.4.2〜昭.23.4.1	183,107円
昭.8.4.2〜昭.9.4.1	432,303円	昭.23.4.2〜昭.24.4.1	162,765円
昭.9.4.2〜昭.10.4.1	413,039円	昭.24.4.2〜昭.25.4.1	142,422円
昭.10.4.2〜昭.11.4.1	394,909円	昭.25.4.2〜昭.26.4.1	122,080円
昭.11.4.2〜昭.12.4.1	377,814円	昭.26.4.2〜昭.27.4.1	101,737円
昭.12.4.2〜昭.13.4.1	361,669円	昭.27.4.2〜昭.28.4.1	81,395円
昭.13.4.2〜昭.14.4.1	346,397円	昭.28.4.2〜昭.29.4.1	61,052円
昭.14.4.2〜昭.15.4.1	331,929円	昭.29.4.2〜昭.30.4.1	40,710円
昭.15.4.2〜昭.16.4.1	318,203円	昭.30.4.2〜昭.31.4.1	20,367円

Q 「遺族厚生年金が減ってしまった」…という相談の理由は

A ●**妻が65歳になると、中高齢寡婦加算はなくなるから**

① 在職中の死亡、または、厚生年金を20年以上かけた夫が死亡したときに、妻が40歳以上、または遺族基礎年金が失権したときに40歳以上の場合は、遺族厚生年金に612,000円（令和6年度）の中高齢寡婦加算が加算されます。加算されるのは、妻が65歳になるまでです。

② 妻が65歳になりますと「遺族厚生年金が減ってしまった。どうしてか」という相談は多くあります。そのわけは、中高齢寡婦加算が消滅するからです。昭和31年4月1日以前生まれの妻には経過的寡婦加算が支給されますが、それでも大幅な減額となります。

③ 妻が65歳になりますと、妻の年金が支給されるようになります。妻の老齢基礎年金は調整されず遺族厚生年金と併給（両方支給）されます。

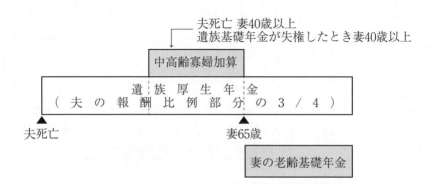

Q 遺族厚生年金が低額になるのは、何故か

 A ●**厚生年金の18年は、在職中の死亡ではないから**

次の例で、妻に支給された遺族厚生年金は「年額369,360円」でした。このように低額になったのは在職中の死亡ではなかったからです。在職中の死亡であれば、18年の加入を25年加入として遺族厚生年金を算出しますから、支給額はもっと高額になっていた筈です。

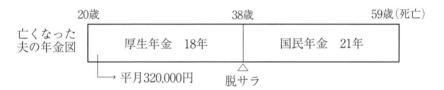

亡くなった夫の年金図

20歳		38歳	59歳（死亡）
厚生年金　18年		国民年金　21年	

平月320,000円　　脱サラ

●**中高齢寡婦加算は支給されない**

① 亡くなった夫は、在職中の死亡ではありません。また、厚生年金の加入年数が20年に足りません。このようなときは「中高齢寡婦加算」は支給されません。

遺族厚生年金が低額になったのは、以上の理由からです。

$$遺族厚生年金の額 = 320,000円 \times \frac{7.125}{1,000} \times 18年 \times 12月 \times \frac{3}{4} = 369,360円$$

② なお、厚生年金を「20年以上」かけた夫が亡くなったときは、夫が在職中でなくても、65歳未満の妻には「中高齢寡婦加算」が、昭和31年4月1日以前生まれの65歳以後の妻には「経過的寡婦加算」が、遺族厚生年金に上積みされて支給されます。

A ●子がいると、夫にも遺族基礎年金が支給

① 国民年金加入中の夫が死亡しますと、子のある妻または子に遺族基礎年金が支給されます。平成26年4月からは、国民年金加入中の妻（第3号被保険者を含む）が死亡したとき、子のある夫にも遺族基礎年金が支給されるようになりました。

② 遺族年金に関しては、女性に有利に設計されていますが、遺族基礎年金については男女差が解消されました。

③ 遺族厚生年金については、妻死亡時に夫は55歳以上なら権利は発生しますが、支給は60歳からです。ただし、妻死亡時に夫が55歳以上で子があるときは、60歳前でも夫に遺族厚生年金と遺族基礎年金が支給されます。

④ 遺族厚生年金は、妻には年齢制限はなく、夫死亡の翌月から支給されます。また妻には、中高齢寡婦加算がありますので、まだ女性に有利な制度といえるでしょう。

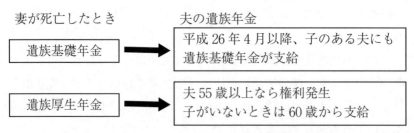

妻が死亡したとき　　　　夫の遺族年金

遺族基礎年金 ➡ 平成26年4月以降、子のある夫にも遺族基礎年金が支給

遺族厚生年金 ➡ 夫55歳以上なら権利発生　子がいないときは60歳から支給

※子とは18歳の年度末まで、障害児のときは20歳未満の子をいいます。

Q 遺族厚生年金が減ってしまった。こういう相談は多い

●妻が65歳になると、遺族厚生年金は大幅に減額

在職中の夫を亡くし、遺族厚生年金を受給している妻が65歳になりますと、自分で掛けた老齢基礎年金と老齢厚生年金を受給できるようになります。そうなりますと、受給中の遺族厚生年金は大幅に減額されます。

・**中高齢寡婦加算**　中高齢寡婦加算は妻が65歳になるまでです。65歳以降、昭和31年4月1日以前生まれの妻には経過的寡婦加算が支給されますが、金額は大幅に減額されます。その訳は、65歳以後は遺族厚生年金と妻自身の老齢基礎年金が調整なく、両方受給できるからです。

・**遺族厚生年金**　妻に支給される妻の老齢厚生年金と遺族厚生年金を比べてみます。老齢厚生年金の方が遺族厚生年金より多いときは、遺族厚生年金は、全額、支給停止です。

遺族厚生年金の方が妻の老齢厚生年金より多いときは、遺族厚生年金から老齢厚生年金を引いた額が遺族厚生年金になりますから、遺族厚生年金は減額支給となります。

| 老齢厚生年金 | ＞ | 遺族厚生年金 | …遺族厚生年金は全額、支給停止 |
| 老齢厚生年金 | ＜ | 遺族厚生年金 | …遺族厚生年金は減額支給 |

Q 妻が死亡したとき、夫に遺族厚生年金が支給されるか

A

●**夫が55歳以上なら支給される**

① 厚生年金に加入中、または厚生年金と国民年金とで25年以上の加入期間を満たした妻が亡くなったとき、夫の年齢が55歳以上のときは、「遺族厚生年金」の受給権を得られます。ただし、支給は60歳からです。

② 夫自身の老齢厚生年金が支給されますと、65歳までは老齢厚生年金か、または、遺族厚生年金か、どちらかの年金を選択して、受給することになります。

③ つぎのようなときは、夫は遺族厚生年金を選択して受給します。

　⑦ 遺族厚生年金が夫自身の老齢厚生年金より多いとき。

　④ 退職して雇用保険（基本手当）を受給したため、夫の厚生年金が支給停止になっているとき。

　⑦ 年金の支給開始年齢以降も会社に残ったが、在職老齢年金が全額支給停止になったとき、あるいは在職老齢年金の額が遺族厚生年金より少ないとき。

Q 遺族厚生年金を受給中の妻が再婚、母が遺族厚生年金をもらえるか

A ●母親に遺族年金は転給しない

① 遺族厚生年金を受給している妻が再婚しますと、遺族厚生年金は失権し、受給できなくなります。そのとき同居中の母親に「遺族厚生年金」が転給されることはありません。

② 理由は、妻が遺族厚生年金を受給する順位は「第1順位」ですが、母親が遺族厚生年金を受給する順位は「第2順位」です。先順位者が失権したときに次順位者に権利が移るという転給の制度が、遺族厚生年金にはないからです。

〔夫が亡くなったときの遺族厚生年金の受給順位〕

> 第1順位　妻と18歳の年度末までの子
> 第2順位　55歳以上の両親

ご存じですか

鈴木家に嫁入りした和子さんは25歳です。夫が亡くなったので実家に戻り、籍はそのままで結婚まえの姓、田中を名乗ることになりました。その場合は遺族厚生年金は失権しません。引きつづき受給できます。

Q 30歳の独身の娘が死亡、支給される遺族給付は何か

A ●支給されるのは死亡一時金の12万円

① 下図のような独身女性が亡くなりました。残された遺族は、60歳を過ぎた両親です。両親に支給された給付は、つぎのどれですか。

② **死亡一時金** 娘さんは国民年金の第1号被保険者として、保険料を3年以上納付していますから「死亡一時金」が支給されます。娘さんの場合、保険料納付済期間が「3年以上15年未満」ですから死亡一時金は「12万円」です。

③ **寡婦年金** 寡婦年金は支給の対象になりません。理由は、寡婦年金は夫が亡くなったとき、妻に支給される年金だからです。

④ **遺族基礎年金** 遺族基礎年金は支給されません。理由は、18歳の年度末までの子がいないからです。

⑤ **遺族厚生年金** 遺族厚生年金は支給されません。理由は、厚生年金に加入中の死亡ではないからです。また、国民年金と厚生年金の加入年数を合算しても、25年の加入年数に不足するからです。

198

Q 妻の遺族厚生年金は一生受給できるのか

A

●再婚すると遺族年金は消滅（失権）します

① 遺族厚生年金を受給中の妻が再婚（内縁を含む）しますと、遺族厚生年金は消滅（失権）します。その後、再婚した相手と離婚しても、一度失権した遺族厚生年金は復活しません。

② ほかに、直系血族や直系姻族以外の人の養子となった場合にも、失権します。

③ 再婚せず、養子にならない場合には、終身支給されます。

●30歳未満の子のいない妻の遺族厚生年金は、5年で消滅

① 夫死亡時に30歳未満で子がいない妻の遺族厚生年金は、夫死亡後5年で消滅します。

② 以前は、30歳未満で子がいない場合でも終身支給されたのですが、平成19年4月から5年間の有期年金になりました。

③ 子がいる場合は、子が18歳の年度末まで遺族基礎年金が支給され、遺族厚生年金は再婚せず、養子などにならない限り、終身支給されます。

〔30歳未満で子のいない妻の遺族厚生年金〕

遺族年金の基礎知識

●遺族厚生年金と妻の年金との併給は妻が65歳になってから

① 「遺族厚生年金」と、妻に支給される「老齢基礎年金」および「老齢厚生年金」の併給が始まるのは、妻が「65歳」になってからの話です。妻が65歳になるまでは「遺族厚生年金か妻の年金か」、どちらか１つしか受給できません。

② 妻が65歳になりますと、「遺族厚生年金と妻の老齢基礎年金」、または「遺族厚生年金と妻の老齢厚生年金」との併給が始まります。その場合、「遺族厚生年金と老齢基礎年金」は、全額、受給できますが、「遺族厚生年金と老齢厚生年金」の併給は、調整支給ですから話は面倒になります。

③ なお、老齢基礎年金は「全額支給」ですから、調整の対象にはなりません。

〔遺族厚生年金と、妻の年金との併給は妻が65歳になってから〕

| 遺族厚生年金 | と | 老齢基礎年金 | ⟶ 両方受給できます。 |
| 遺族厚生年金 | と | 老齢厚生年金 | ⟶ 調整支給します。 |

遺族年金の基礎知識

●厚生年金のある、65歳以上の妻の遺族厚生年金

① 遺族厚生年金の基本の額は、夫の報酬比例部分の３/４の額です。
妻が60歳以上で自身の老齢厚生年金をもらえるようになりますと、
65歳になるまでは、遺族厚生年金か自分の老齢厚生年金かを、自分
で選択して受給します。

② 厚生年金がある妻の場合、65歳以降は、次の㋐・㋑・㋒の３つの
中で１番多い年金が支給されます。65歳以降の遺族厚生年金は、㋒
の「**遺族厚生年金の２/３＋妻の老齢厚生年金の１/２**」が加わり、
㋐と㋒のうち多い方が遺族厚生年金になります。

㋐遺族厚生年金（夫の報酬比例部分の３/４）

㋑妻の老齢厚生年金

㋒遺族厚生年金の２/３＋妻の老齢厚生年金の１/２

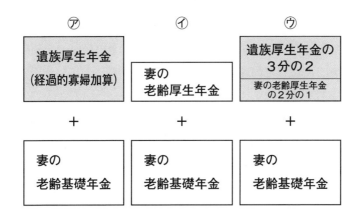

201

遺族年金の基礎知識

●65歳以降の妻の遺族厚生年金

① 具体的な年金額で試算してみます。前ページ㋐の遺族厚生年金を90万円とし、㋑の妻の老齢厚生年金を50万円、60万円、70万円の3通りの金額で、㋒の遺族厚生年金を計算してみます。

㋐遺族 厚生年金	㋑妻の老齢 厚生年金	㋒の遺族厚生年金 ㋐×2/3＋㋑×1/2
90万円	50万円	90万円×2/3＋50万円×1/2＝85万円
90万円	60万円	90万円×2/3＋60万円×1/2＝90万円
90万円	70万円	90万円×2/3＋70万円×1/2＝95万円

② 上記のとおり、妻の老齢厚生年金が50万円、60万円のときは、㋐の遺族厚生年金の90万円が選択されます。妻の老齢厚生年金が70万円のときは、㋒の95万円が65歳以降の遺族厚生年金になります。

③ 遺族厚生年金に比べて、妻の老齢厚生年金の額が一定額以上ありますと、65歳以降の遺族厚生年金が増えます。

④ ㋒による遺族厚生年金が支給されるのは、配偶者（夫または妻）の死亡による遺族厚生年金だけです。独身の子の死亡により、親が遺族厚生年金を受給するケースもありますが、配偶者の死亡以外のときは、死亡した人の報酬比例部分の3/4が遺族厚生年金になります。

遺族年金の基礎知識

●遺族厚生年金と妻の老齢厚生年金との調整

① 遺族厚生年金を受給している妻が、65歳になりますと、妻自身の年金は全額支給です。妻の老齢厚生年金と遺族厚生年金との間で調整支給が始まります。

② 遺族厚生年金が、妻の老齢厚生年金より高額のときは、妻の厚生年金が優先支給され、遺族厚生年金は差額支給です。

③ 遺族厚生年金より妻の老齢厚生年金の方が多いときは、妻の老齢厚生年金が優先支給され、遺族厚生年金は全額支給停止です。妻の掛けた年金が全額支給されます。

	妻の年金は 全額支給
遺族厚生年金	
全額停止	老齢厚生年金
	老齢基礎年金

遺族年金の基礎知識

●遺族厚生年金と、妻の老齢厚生年金とは調整支給

① 　遺族厚生年金を受給している妻が65歳になり、妻に老齢厚生年金が支給されますと、遺族厚生年金との間で調整支給が始まります。その場合、妻の老齢厚生年金の方が遺族厚生年金より高額のときは、遺族厚生年金は、全額、支給停止となります。

② 　しかし、遺族厚生年金の方が妻の老齢厚生年金より高額のときは、妻の老齢厚生年金は、全額、支給されますが、遺族厚生年金は減額支給となります。

　例えば、遺族厚生年金が100万円で、妻の老齢厚生年金が60万円だとしますと、妻の老齢厚生年金60万円を優先支給します。そして、遺族厚生年金100万円から妻の老齢厚生年金60万円を引いた差額の40万円が、遺族厚生年金として支給されるのです。

〔**遺族厚生年金が100万円で、老齢厚生年金が60万円のとき**〕

Q 厚生年金を受給中の夫が亡くなったときの手続き

●届出書類も必要

① 夫が亡くなり妻が「遺族厚生年金」の請求をするときには「年金請求書（国民年金・厚生年金保険遺族給付）」で手続きをします。

② その場合、「死亡診断書」のほかに、「戸籍謄本」、「年金証書（夫と妻）」等が必要です。なお、死亡診断書はコピーでよいです。

③ このほかに「受給権者死亡届」、「未支給年金・未支払給付金請求書」、「年金受給選択申出書」が必要です。

〔未支給年金は年金受給者が亡くなったとき支給される〕

① 夫が亡くなり、妻に遺族厚生年金が支給されるようなとき、「未支給年金」が生じます。たとえば、夫が4月10日に亡くなったときです。

② その場合、夫が健在なら夫に支給される2月分と3月分の老齢厚生年金の支払日は4月15日です。また、死亡した夫の4月分の老齢厚生年金の支払日は6月15日です。ところが、受取り人の夫は死亡していますから、3ヵ月分の老齢厚生年金は宙に浮いてしまいます。

この宙に浮いた老齢厚生年金が「未支給年金」になります。未支給年金は遺族（妻）に支給されます。

Q 厚年に17年と国年に12年加入の夫が52歳で亡くなったとき、妻に支給されるのは

A ●支給されるのは遺族厚生年金と死亡一時金

① 厚生年金の遺族給付には、遺族厚生年金、中高齢寡婦加算があります。国民年金の遺族給付には、遺族基礎年金、寡婦年金、死亡一時金があります。

② この夫婦に子がいますが、18歳を超えていますので、遺族基礎年金は支給されません。支給されるのは遺族厚生年金と、寡婦年金か死亡一時金ですが、寡婦年金と死亡一時金は選択受給です。寡婦年金を選択しますと、妻が60歳から65歳になるまでの5年間は、寡婦年金か遺族厚生年金かどちらかの選択受給です。

		注	理　　　　由
厚年	遺 族 厚 生 年 金	○	厚年と国年の合計年数が25年以上あるからです
	中高齢寡婦加算	×	厚年の加入年数が20年ないからです
国年	遺 族 基 礎 年 金	×	18歳の年度末までの子がいないからです
	寡 婦 年 金	○	国年の加入年数が10年以上あるからです
	死 亡 一 時 金	○	国年の保険料を3年以上納めているからです

注　○は支給される。　×は支給されない。
注　寡婦年金と死亡一時金は、どちらか選択

年金請求書（国民年金・厚生年金保険遺族給付）（様式第105号）

未支給年金・未支払給付金請求書（様式第514号）

国民年金・厚生年金保険・船員保険・共済年金・年金生活者支援給付金
未支給年金・未支払給付金請求書

様式第５１４号

二次元コード

| 45 | 46 | 48 |

【職払記入欄】
死亡した方が年金生活者支援給付金を受給されていた場合は右欄に☑ □

死亡された方

死亡した受給権者

❶ 基礎年金番号 および年金コード

基礎年金番号

年金コード（複数請求する場合は（右の欄に記入）

❷ 生年月日　明治・大正・昭和・平成・令和　　　年　　　月　　　日

㋐（フリガナ）

氏　名（氏）　　　　　（名）

❸ 死亡した年月日　昭和・平成・令和　　　年　　　月　　　日

◆ 死亡した方が厚生年金保険・船員保険・統合共済年金以外に共済組合等で支給する共済年金も受給していた場合、あわせて共済の未支給年金（未済の給付）の請求を希望しますか。※共済年金と国民（基礎）年金のみ受けていた方は、別途共済組合等に請求が必要です。　　　はい・いいえ

請求される方

請求者

❺（フリガナ）

氏　名（氏）　　　　　（名）

❻ 続柄　※続柄

❽ 郵便番号　　　㋑ 電話番号

❾（フリガナ）※住所コード

住　所　　　　　市区町村

個人番号　　　←請求される方の個人番号（マイナンバー）をご記入ください。

㋒ 年金受取機関

※1または2に○をつけ、希望する年金の受取口座をご記入ください。
1. 金融機関（ゆうちょ銀行を除く）
2. ゆうちょ銀行（郵便局）
□ 公金受取口座として登録済の口座を指定

※1.在籍していたとき。指定する口座から金融機関口座に戻して登録の場合
※2.（公金受取口座）については、2ページをご参照ください。

（フリガナ）
口座名義人
氏名

年金送金先

	金融機関コード	支店コード	（フリガナ）			預金種別	口座番号（左詰めで記入）
金融機関						1.普通 2.当座	

ゆうちょ銀行

貯金通帳の口座番号
記号（左詰めで記入）　番号（右詰めで記入）

金融機関またはゆうちょ銀行の証明欄　※
請求者の氏名フリガナと口座名義人氏名フリガナが同じであることをご確認ください。

※貯蓄預金口座または貯蓄貯金口座への振込はできません。
※通帳等の写し（金融機関名、支店名、口座名義人氏名フリガナ、口座番号の○）を添付する場合かまたは公金受取口座を指定する場合、証明は不要です。

㋓ 受給権者の死亡当時、受給権者と生計を同じくしていた次のような方がいましたか。

配偶者	子	父母	孫	祖父母	兄弟姉妹	その他3親等内の親族
いる・いない	いる・いない	いる・いない	いる・いない	いる・いない	いる・いない	いる・いない

㋔ 死亡した方が三共済（ＪＲ、ＪＴ、ＮＴＴ）・農林共済年金に関する共済年金を受けていた場合にご記入ください。
死亡者からみて、あなたは相続人ですか。
（相続人の場合には、続柄についてもご記入ください。）　（続柄）　はい　・　いいえ

㋕ 備　考

請求される方が、別世帯の配偶者または子の場合

㋖ 別世帯となっていることについての理由書

次の理由により、住民票上、世帯が別となっているが、受給権者の死亡当時、その者と生計を同じくしていたことを申立します。
（該当の理由に○印をつけてください。）

請求者氏名

理　由

1. 受給権者の死亡当時、同じ住所に二世帯で住んでいたため。
（請求者が配偶者または子である場合であって、住民票上、世帯が別であったが、住所が同じであったとき。）
2. 受給権者の死亡当時は、同じ世帯であったが、世帯主の死亡により、世帯主が変更されたため。

死亡した受給権者と請求者の住所が住民票上異なっていたが、生計を同じくしていた場合は「別居していたことについての理由書」などが必要となります。用紙が必要な方は、「ねんきんダイヤル」またはお近くの年金事務所などにお問い合わせください。

詳しくは、5ページの「生計同一に関する添付書類一覧表」をご覧ください。

令和　　　年　　　月　　　日　提出

年金事務所記入欄
※遺族給付同時請求　有・無
※死亡届の添付　有・無

市区町村 受付年月日	実施機関等 受付年月日

3

208

受給権者死亡届（様式第515号）

国民年金・厚生年金保険・船員保険・共済年金・年金生活者支援給付金

受給権者死亡届（報告書）

届書コード	処理区分コード	届書
8 5 0 1		

死亡した受給権者

❶ 基礎年金番号 および年金コード	基礎年金番号	年金コード（複数請求する場合は右の欄に記入）	

❷ 生 年 月 日	明治・大正・昭和・平成・令和	年	月	日

⑦ （フリガナ） 氏 名	(氏)	(名)	

❸ 死亡した年月日	昭和・平成・令和	年	月	日	送信

届出者

④ （フリガナ） 氏 名	(氏)	(名)	❺ 続柄 ※続柄

※ ❻ 未支給 有 無	❼ 郵 便 番 号 —	⑦ 電 話 番 号 — —

⑧ （フリガナ） 住 所	※住所コード	市区町村	送信

◎ 未支給の年金・給付金を請求できない方は、死亡届（報告書）のみご記入ください。

◎ 死亡届のみを提出される方の添付書類

1. 死亡した受給権者の死亡の事実を明らかにすることができる書類
   （個人番号（マイナンバー）が収録されている方については不要です）
   ・住民票除票
   ・戸籍抄本
   ・死亡診断書（コピー可）　　　　などのうち、いずれかの書類

2. 死亡した受給権者の年金証書
   年金証書を添付できない方は、その事由について以下の事由欄にご記入ください。

（事由）

ア、 廃棄しました。	（　　　年　　　月　　　日）
イ、 見つかりませんでした。今後見つけた場合は必ず廃棄します。	
ウ、 その他（	）

⑦ 備 考	

市区町村 受付年月日	実施機関等 受付年月日	令和　　年　　月　　日 提出

年金事務所記入欄

※遺族給付同時請求	有（上・下）・無
※未支給請求	有・無

4

年金受給選択申出書（様式第201号）

| 国 民 年 金
共 済 年 金
厚生年金保険 | **年 金 受 給 選 択 申 出 書**
（選択関係にある二つ以上の年金を受けられるようになったときに停止の解除を申請する届及び生計維持申立） | 日本年金機構 | 二次元コード |

※裏面の「年金受給選択申出に関するご確認事項」を必ずお読みください。
年金受給の選択は、将来に向かって変更することができます。

基礎年金番号（10桁）で届出する場合は左詰めでご記入ください。	令和　　　年　　　月　　　日 提出

①	個人番号 （または基礎年金番号）	

②	選 択 方 法	下欄のアかイのうち、いずれかに〇を付してください。

	ア	国から支給される年金額を比較して、年金額が高い方を選択する ⇒③欄に年金額の高い年金コード、④欄にそれ以外の年金コードをご記入ください。
		（注）額の比較にあたっては、企業年金などの支給の有無や金額は考慮されません。国の年金以外に企業年金など支給される場合で、その支給の有無や金額について考慮を不要とする場合は（ア）ご記入ください。
	イ	選択する年金を具体的に指定する ⇒③欄に選択する年金コード、④欄にそれ以外の年金コード、⑥欄に受ける年金を指定する理由をご記入ください。
		（注）企業年金や特例年金など国の支給する年金以外の要素を考慮した結果、国の支給する年金のうち年金額が低い方を選択する場合または年金額の高低にかかわらず受給する年金の種別が決まっている場合は（イ）ご記入ください。

③	選択する年金の年金証書の年金コード（支給停止の解除を申請する年金）	

④	選択する年金以外の年金証書の年金コード	

⑤	65歳以上で障害給付の受給を選択する場合の併給方法	下欄のアからエのうち、いずれかに〇を付してください。
		ア 障害基礎年金と障害厚生（共済）年金（※同一事由によるもの）
		イ 障害基礎年金と老齢厚生年金（退職共済年金）、または、障害基礎年金（※）と遺族厚生年金（遺族共済年金）
		ウ 障害基礎年金と老齢厚生年金（退職共済年金）の1/2と遺族厚生年金（遺族共済年金）の2/3
		エ 障害厚生年金の一部と遺族厚生年金（遺族共済年金）と旧老齢年金（旧退職年金）の一部
		（注）イ、ウの「障害基礎年金」は、障害基礎年金または旧国民年金法の障害年金。 エの「障害基礎年金」は、障害基礎年金（裁定替）または旧国民年金法の障害年金。

⑥	備 考	

⑦	生 計 維 持 申 立	加算額・加給年金額の対象者の氏名	生 年 月 日	個人番号	受給権者との続柄	障害の状態にありますか
			明治・平成 大正・令和　年　月　日 昭和			ある　ない
			明治・平成 大正・令和　年　月　日 昭和			ある　ない
			明治・平成 大正・令和　年　月　日 昭和			ある　ない
		上記の加算額・加給年金額の対象者は、加算の対象となったときから引き続き生計を維持していることを申し立てます。				

⑧	住 所	〒　　　-

⑨	（フリガナ） 氏 名	

⑩	生 年 月 日	明治・平成 大正・令和　　　年　　　　　月　　　　　日 昭和

⑪	連絡先の電話番号	（　　　　　）－（　　　　　）－（　　　　　）

市区町村　受付年月日　　　　年金事務所等　受付年月日　　　　日本年金機構本部　受付年月日

第 8 章

年金生活者支援給付金

給付金の概略

●給付金には４つの種類がある

① 消費税の税率が８％から10％に上がった令和元年10月１日から、「前年の所得が一定額以下」の年金生活者に「給付金」が支給されるようになりました。この給付金の名称を、「年金生活者支援給付金」といいます。

② 年金生活者支援給付金には、次の４つがあります。
・老齢年金生活者支援給付金
・補足的老齢年金生活者支援給付金
・障害年金生活者支援給付金
・遺族年金生活者支援給付金

③ このうち、老齢年金生活者支援給付金、ならびに、補足的老齢年金生活者支援給付金は、65歳以上の老齢年金受給者を支援するための給付金です。

④ 障害年金生活者支援給付金は、一定の所得以下の「１級・２級」の障害年金受給者に支給される給付金です。
　また、遺族年金生活者支援給付金は、一定の所得以下の遺族基礎年金を受給している人に支給される給付金です。

⑤ 給付金は、偶数月の年金支給日に前月分と前々月分の２ヵ月分が、受給権者の年金口座に振り込まれます。

老齢年金生活者支援給付金の支給要件

●住民税が非課税で、所得が778,900円以下の人に支給

① 老齢年金生活者支援給付金の支給対象者となる人とは、「65歳以上」の老齢・退職年金の受給者で、受給している年金が「老齢基礎年金」や「老齢厚生年金」の他に、旧法に基づいて支給される「老齢年金」や「退職年金」などを受給している人達です。

② いまあげた人のうち、給付金を受給できる人は、次の2つの条件を満たした人です。

   (ア) 本人、ならびに、本人の属している世帯全員の「住民税」が、「非課税」であること。

   (イ) 本人の前年の公的年金等の収入とその他の所得の合計額が、「778,900円以下」であること。

年金生活者支援給付金とは

① 年金生活者支援給付金は、年金を含めても所得が低い方の生活を支援するために、年金に上乗せして支給するものです。

② 消費税率が10%になった令和元年10月から、消費税を財源とした、全額国庫負担による福祉的給付です。一時的な給付ではなく、支給要件に該当している間、恒久的に支給されます。

老齢年金生活者支援給付金の算出式

●算出式（月額）

$$5{,}310円（注1）\times \frac{保険料納付済月数（注2）}{480月（注3）}$$

（注1） 5,310円は、物価スライドにより、年度ごとに見直されます。

（注2） 保険料納付済月数には、厚生年金や共済年金の期間を含みます。ただし、「20歳以上60歳未満」の期間です。

（注3） 分母の480月で給付金の支給額を求める人とは、「昭和16年4月2日以降」に生まれた人です。それ以前に生まれた人には「180月から468月」の期間短縮措置があります（下表）。

生年月日	月数	生年月日	月数	生年月日	月数
～大 6.4.1	180月	大14.4.2～大15.4.1	288月	昭 9.4.2～昭10.4.1	396月
大 6.4.2～大 7.4.1	192月	大15.4.2～昭2.4.1	300月	昭10.4.2～昭11.4.1	408月
大 7.4.2～大 8.4.1	204月	昭2.4.2～昭3.4.1	312月	昭11.4.2～昭12.4.1	420月
大 8.4.2～大 9.4.1	216月	昭3.4.2～昭4.4.1	324月	昭12.4.2～昭13.4.1	432月
大 9.4.2～大10.4.1	228月	昭4.4.2～昭5.4.1	336月	昭13.4.2～昭14.4.1	444月
大10.4.2～大11.4.1	240月	昭5.4.2～昭6.4.1	348月	昭14.4.2～昭15.4.1	456月
大11.4.2～大12.4.1	252月	昭6.4.2～昭7.4.1	360月	昭15.4.2～昭16.4.1	468月
大12.4.2～大13.4.1	264月	昭7.4.2～昭8.4.1	372月	昭16.4.2～	480月
大13.4.2～大14.4.1	276月	昭8.4.2～昭9.4.1	384月		

老齢年金生活者支援給付金の算出式

●保険料免除期間にも、給付金を支給

①　国民年金の保険料を免除してもらった人にも、「老齢年金生活者支援給付金」が支給されます。

　　そのうちの１つのグループが、保険料の「全額免除」と、「４分の３免除」と、「半額免除」の人達です。これらの人の給付金は、次の式で算出します（月額）。

　　11,333円×免除月数÷480月　（昭16.4.2以降生まれ）

②　もう１つのグループは、保険料免除が「４分の１」の人達です。これらの人の給付金は、次の式で算出します（月額）。

　　5,666円×免除月数÷480月　（昭16.4.2以降生まれ）

未納期間は給付金の対象にならない

①　65歳のＡ夫さんは生活保護の受給者です。Ａ夫さんは飲食店や建設現場で働いていましたが、年金には一切加入しませんでした。また、保険料免除の手続きもしませんでした。そんなわけで、国民年金の保険料は全期間未納になってしまったのです。

②　この未納期間は、給付金の対象になりません。Ａ夫さんは「老齢年金生活者支援給付金」を受給できない人です。

Q 老齢年金生活者支援給付金はいくらになるか

① 「住民税が非課税」のB夫さん夫婦は、年金だけで生活をしている退職者です。B夫さんは、「昭和30年5月生」で、受給している年金は、厚生年金と国民年金とで「125万円」です。

② 妻のC子さんは「昭和32年7月生」で、国民年金だけに35年加入した人です。その内訳は、保険料の納付月数が384月、保険料の全額免除月数が36月です。年金の額は「68万円」です。

③ このご夫婦に支給される老齢年金生活者支援給付金の額はいくらになりますか。

A ●夫は給付金を受給できないが、妻には給付金が支給される

① 夫のB夫さんには、給付金は支給されません。その理由は、夫が受給している年金は、「125万円」で、給付金の支給限度額である778,900円を超える額だからです。

② 妻のC子さんが受給している年金は「68万円」で、支給限度額の778,900円より低額ですので、給付金を受給できます。給付金の支給額は月額5,098円（年額61,176円）です。

$$5,310円 \times 384月 \div 480月 = 4,248円$$
$$11,333円 \times 36月 \div 480月 = 850円$$

5,098円

補足的老齢年金生活者支援給付金とは

●**対象となるのは、前年の年収が778,900円を超え878,900円以下の人**

① 年金を含めた年収が778,900円以下の人であっても、「老齢年金生活者支援給付金」を受給しますと、年収が778,900円以上になる場合があります。

② そうなりますと、年金が778,900円以下の人の方が、778,900円の人よりも年収が多くなる場合があります。

③ この矛盾を解消するために設けられたのが「補足的老齢年金生活者支援給付金」なのです。

　この給付金の受給対象者になれる人とは、「本人、ならびに、本人の属する世帯全員の住民税が非課税」の65歳以上の老齢年金受給者のうち、前年の「年金収入と、その他の所得の合計額」が「778,900円を超え878,900円以下」の人です。

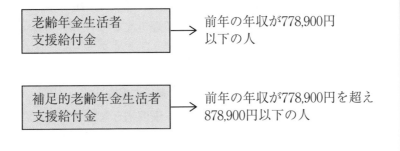

| 老齢年金生活者支援給付金 | → 前年の年収が778,900円以下の人 |
| 補足的老齢年金生活者支援給付金 | → 前年の年収が778,900円を超え878,900円以下の人 |

補足的老齢年金生活者支援給付金の算出式

●算出式（月額）

$$5,310円 \times \frac{保険料納付済月数}{480月} \times 調整支給率（注1）$$

　「老齢年金生活者支援給付金」は、「保険料免除月数」も給付金の対象となりますが、「補足的老齢年金生活者支援給付金」は、保険料納付済月数だけで計算され、免除月数は計算に入りません。

（注1）調整支給率は、次の式で求めます。

　　　　（878,900円 − 年金とその他所得の合計額）÷ 100,000円

　　　　　　　　　　（小数点以下3位未満は四捨五入）

【計算例】

　Bさん（75歳）の昨年の年金収入とその他所得の合計額は835,000円でした。年金は、450月かけた老齢基礎年金を受給中です。令和元年10月から年金生活者支援給付金を受給していますが、今年4月分からは月額2,185円を受給しています。

$$5,310円 \times \frac{450}{480} \times 0.439（調整支給率）= 2,185円$$

　　　　　　　　　　（1円未満四捨五入）

調整支給率 =（878,900円 − 835,000円）÷ 100,000円 = 0.439

算出式の「調整支給率」の役割とは

●給付金の矛盾点を是正するため

① 「補足的老齢年金生活者支援給付金」では、「老齢年金生活者支援給付金」の矛盾点を解消するために、老齢年金生活者支援給付金の「算出式」に、「1」より低い倍率を掛けて、給付金の額を調整することにしました。

② 　年金を含めた年収が778,900円の人、80万円の人、85万円の人、878,900円の人の「調整支給率」を求めますと、以下のようになります。

〔調整支給率はどうなるか〕
① 　前年の年収が778,900円の人の調整支給率は「1.000」
　　（878,900円－778,900円）÷100,000円＝1.000

② 　前年の年収が800,000円の人の調整支給率は「0.789」
　　（878,900円－800,000円）÷100,000円＝0.789

③ 　前年の年収が850,000円の人の調整支給率は「0.289」
　　（878,900円－850,000円）÷100,000円＝0.289

④ 　前年の年収が881,200円の人の調整支給率はゼロ
　　（878,900円－878,900円）÷100,000円＝0

給付金の「請求手続き」

●年金生活者支援給付金には、2種類の請求書がある

① 年金生活者支援給付金を受給するときに用いる「給付金請求書」には、2種類の書式があります。その2種類とは、A4サイズの「給付金請求書」と、ハガキ様式の「給付金請求書」です。

② 2種類のうちの1つ、A4サイズの「年金生活者支援給付金請求書」で受給手続きをする人とは、65歳になって、初めて老齢年金を受給する人です。

③ 具体例をあげますと、国民年金だけに加入した人。あるいは、国民年金と厚生年金に加入した人のうち、厚生年金の加入期間が1年未満のため、65歳にならないと、厚生年金を受給できない人。こういう人が該当します。

④ ハガキ形式の「年金生活者支援給付金請求書」で給付金を請求する人とは、65歳まえから厚生年金を「特別支給の老齢厚生年金」として受給している人です。

⑤ また、年金生活者支援給付金を受給していた人が、収入額がオーバーしたため支給停止になったあと、再度、支援給付金を受けられるようになったときは、ハガキ様式の請求書が届きますので返送します。

給付金の「請求手続き」

●給付金の支給が決まると、「支給決定通知書」が届く

①　繰上げ支給の老齢基礎年金や、特別支給の老齢厚生年金の受給者には、65歳になりますと「給付金請求書（ハガキ様式）」が送られてきます。その請求書を返送しますと、関係機関が、請求者および同居の家族の「年収や住民税」などを調べます。

②　そして、年金生活者支援給付金の支給要件を満たしている人には給付額を記載した「支給決定通知書」が、支給要件を満たしていない人には「不該当通知書」が送られてきます。

③　給付金の支給は、原則として給付金を請求した月の翌月分からとなります。ただし、年金の受給権が発生し、受給権発生後、3ヵ月以内に給付金の請求をしたときは、年金の受給権発生の翌月分から支給されます。

給付金を受給できる人とは

①　老後の年金を受給している65歳以上の人のうち、「年金生活者支援給付金」を受給できる人とは、つぎの条件を兼ね備えた人です。
・本人、ならびに家族全員の住民税が非課税であること。
・本人の年収が878,900円以下であること。

これまでの「まとめ」

●給付金の支給には厳しい条件

①　世帯全員の住民税が非課税の世帯で、年金を含めた年収が「878,900円」以下の人には、「年金生活者支援給付金」が支給されます。この給付金は「2つの図式」に分かれます。

②　その1つが、年金を含めた年収が「778,900円」以下の人に支給される「老齢年金生活者支援給付金」で、もう1つが、年金を含めた年収が「778,900円超から878,900円以下」の人に支給される「補足的老齢年金生活者支援給付金」です。

③　いずれの給付金も、支給に当たっては、厳しい前提条件があります。その前提条件とは、次の2つです。
・「65歳以上」の老齢年金受給者であること。
・本人ならびに本人の属する世帯全員の「住民税が非課税」であること。

④　年金生活者支援給付金は、年金を含めても所得の低い方の生活を支援するために、年金に上乗せして支給するものです。無年金者には支給されません。

給付金のお問い合わせは
給付金専用ダイヤルで

0570-05-4092

障害年金生活者支援給付金

●給付金は「1級・2級」の障害年金受給者に

① 「障害年金生活者支援給付金」は、障害等級が1級・2級の障害年金受給者に支給されますが、3級の障害年金受給者には支給されません。

　なお、旧法に基づいて支給されている国民年金や厚生年金や共済年金の1級・2級の障害年金受給者にも、適用されます。

② ただし、給付金の支給に当たっては、受給者本人に支給される障害年金以外の所得が「472万1千円＋扶養親族の数×38万円」以下の人に限られます。

　なお、老齢年金生活者支援給付金や補足的老齢年金生活者支援給付金の支給要件に見られた「住民税が非課税」の条件はありません。

③ 障害年金生活者支援給付金の支給額は、次のとおりです。

> 1級の障害年金受給者…月額6,638円
> 2級の障害年金受給者…月額5,310円

遺族年金生活者支援給付金

●給付金の支給は、遺族基礎年金の受給者に

① 「遺族年金生活者支援給付金」は、「遺族基礎年金」を受給している人に支給される給付金です。したがって、18歳未満の子がいなくて、「遺族厚生年金」だけを受給している人には、給付金が支給されません。

② 給付金の支給に当たっては、受給者本人の遺族基礎年金以外の所得が、一定額以下であることが必要です。一定額以下の内容は、障害年金生活者支援給付金の受給者の場合と同じ、「472万1千円＋扶養親族の数×38万円」以下の人です。

③ 遺族年金生活者支援給付金の支給額は、月額5,310円（年額6万3,720円）です。なお、18歳未満の子が2人以上いても、支給額は月額5,310円で変わりはありません。

遺族年金生活者支援給付金の事例

　両親が死亡し、3人の子が遺族年金生活者支援給付金を受給する場合は、遺族基礎年金と一緒にそれぞれの子の口座に月額1,770円（偶数月に3,540円＝1,770円×2月）が振込まれます。

5,310円÷3人＝1,770円（1円未満四捨五入）

第 9 章

受給手続きと各種の書式

受給手続きの基礎知識

●受給開始年齢の「3ヵ月」まえになると

① 受給開始年齢の3ヵ月まえに、日本年金機構から**「緑色」**の封筒に入った年金請求書が届くようになりました。要旨は「あなたは年金を受給できますから、手続きをして下さい」と注意を促すものです。

② また、送られてきた年金請求書の「再交付」はしませんから、年金請求書を毀損したときには、様式第101号の年金請求書で請求手続きをして下さい。

③ なお、住所変更（引っ越し）などのため、年金請求書が届かなかった場合は、ねんきんダイヤル（TEL 0570-05-1165）に電話すれば、様式第101号の年金請求書を送ってもらえます。

●様式第101号の年金請求書は年金事務所に

① 厚生年金の支給開始年齢が61歳以降の人でも、繰上げ支給をすれば、60歳から厚生年金を受給できます。その場合の年金請求は「様式第101号の年金請求書」を用います。この年金請求書は、年金事務所や市区町村の国民年金課、または、金融機関などに置いてあります。

② 厚生年金や国民年金の加入歴が受給資格の10年には不足しているが、カラ期間を含めると10年の受給資格を満たしているような人には、年金請求書は届きません。この場合も「様式第101号の年金請求書」で受給手続きをします。

受給手続きの基礎知識

●請求者の氏名、現住所などは年金請求書に印字

① 民間会社で厚生年金に加入した人に、日本年金機構から送られてくる年金請求書の記入欄には、請求者の住所、氏名、基礎年金番号、生年月日、年金加入歴などが印字されています。これらの内容は日本年金機構が保管している個人データから抽出したものです。

② しかし、配偶者の氏名や生年月日、年金受取口座の金融機関名などは、年金請求書の記入欄に印字されていません。これらの記入欄は手書きで記入します。

③ 年金は、日本年金機構から、直接、支給されるのではありません。金融機関を通して支給されます。どこの金融機関にするかは、受給者の希望で決めます。

④ また、年金口座は本人名義の口座に限られます。したがって、妻の年金を夫名義の預金口座に振込むことはできません。

●年金請求書の氏名や生年月日が謄本と違っているときは

年金請求書の「氏名や生年月日」が、戸籍謄本の「氏名や生年月日」と異なっているときは、戸籍謄本の氏名や生年月日に訂正して下さい。

Q 繰上げ支給をするときは「繰上げ請求書」と「念書」を提出

A ●年金請求と同時に繰上げ支給をするときは「様式第102号」の繰上げ請求書で

① 繰上げ支給の手続きに当たっては、「老齢厚生年金・老齢基礎年金支給繰上げ請求書」と「老齢年金の繰上げ請求についてのご確認（念書)」を年金事務所に提出しなければなりません。

② 「繰上げ請求書」には「２つの種類」があります。そのうち、初めて厚生年金や国民年金を受給する人が、「年金請求書」に添付して提出する場合に使用するのは「様式第102号」の繰上げ請求書です。

③ 繰上げ請求書と一緒に提出する「老齢年金の繰上げ請求についてのご確認」とは、繰上げ請求をすると、その後にさまざまな問題を生じることがありますので、それについての注意を、予め確認しておくもので「念書」のようなものです。

〔繰上げ支給をするとき、年金請求書に添付する書式〕

	繰上げ請求についてのご確認
年金請求書	繰上げ請求書（様式第102号）

老齢年金の繰上げ請求についてのご確認

_____ 様　　　　　　　　　　　　年　　月　　日

繰上げ請求の制度とは

老齢年金（老齢基礎年金、老齢厚生年金）は原則 65 歳から受け取る※ことができます。ただし、ご本人様のご希望により、60 歳から 65 歳になるまでの間で本来より早く受け取ることもできます。繰上げ請求により受け取る老齢年金は生涯にわたり減額されます。

※老齢厚生年金は生年月日に応じて支給開始年齢が異なります。（62 歳から 65 歳）

１．繰上げ請求についての試算の確認

① ご希望されている繰上げ請求時点の試算額は別紙のとおりです。

（　　　年　　　月繰上げ希望としての試算）

該当する方にチェック	□老齢基礎年金と老齢厚生年金（特別支給を含む。）の繰上げ請求となります。
	□老齢基礎年金の繰上げ請求となります。

※年金額の試算内容については「請求手続き」のみ委任されている代理人の方には、お伝えできませんので、ご承知おきください。

② 繰上げ請求した場合としない場合の老齢年金の総受給額逆転年月は

　　　年　　　月です。

※厚生年金や共済組合に加入中の場合は、繰上げ請求時点において、資格喪失した前提で計算していますので、今後の厚生年金等の加入状況や他年金の選択等により逆転年月が変動する場合があります。

③ 繰上げ請求をしたときのひと月当たりの減額率は、

該当する方にチェック	□0.4％です。※生年月日が昭和 37 年 4 月 2 日以降の方。
	□0.5％です。※生年月日が昭和 37 年 4 月 1 日以前の方。

（参考）老齢基礎年金の繰上げ減額率早見表
※この早見表は老齢基礎年金の例です。老齢厚生年金の減額率は生年月日等により異なります。

□ひと月当たりの減額率 0.4％のとき【0.4％×繰上げ請求月から 65 歳になる月の前月までの月数】

請求時の年齢	0ヶ月	1ヶ月	2ヶ月	3ヶ月	4ヶ月	5ヶ月	6ヶ月	7ヶ月	8ヶ月	9ヶ月	10ヶ月	11ヶ月
60 歳	24.0%	23.6%	23.2%	22.8%	22.4%	22.0%	21.6%	21.2%	20.8%	20.4%	20.0%	19.6%
61 歳	19.2%	18.8%	18.4%	18.0%	17.6%	17.2%	16.8%	16.4%	16.0%	15.6%	15.2%	14.8%
62 歳	14.4%	14.0%	13.6%	13.2%	12.8%	12.4%	12.0%	11.6%	11.2%	10.8%	10.4%	10.0%
63 歳	9.6%	9.2%	8.8%	8.4%	8.0%	7.6%	7.2%	6.8%	6.4%	6.0%	5.6%	5.2%
64 歳	4.8%	4.4%	4.0%	3.6%	3.2%	2.8%	2.4%	2.0%	1.6%	1.2%	0.8%	0.4%

□ひと月当たりの減額率 0.5％のとき【0.5％×繰上げ請求月から 65 歳になる月の前月までの月数】

請求時の年齢	0ヶ月	1ヶ月	2ヶ月	3ヶ月	4ヶ月	5ヶ月	6ヶ月	7ヶ月	8ヶ月	9ヶ月	10ヶ月	11ヶ月
60 歳	30.0%	29.5%	29.0%	28.5%	28.0%	27.5%	27.0%	26.5%	26.0%	25.5%	25.0%	24.5%
61 歳	24.0%	23.5%	23.0%	22.5%	22.0%	21.5%	21.0%	20.5%	20.0%	19.5%	19.0%	18.5%
62 歳	18.0%	17.5%	17.0%	16.5%	16.0%	15.5%	15.0%	14.5%	14.0%	13.5%	13.0%	12.5%
63 歳	12.0%	11.5%	11.0%	10.5%	10.0%	9.5%	9.0%	8.5%	8.0%	7.5%	7.0%	6.5%
64 歳	6.0%	5.5%	5.0%	4.5%	4.0%	3.5%	3.0%	2.5%	2.0%	1.5%	1.0%	0.5%

年金請求書に添付する書類には、どんなものがあるか

A ●請求者の置かれた立場で変わる

　厚生年金を受給するときには、「年金請求書」を年金事務所に提出します。その場合、戸籍謄本や雇用保険の被保険者証などを年金請求書に添付するわけですが、そのほかにも、請求者の置かれた立場によっては、その状況を明らかにするため、必要な添付書類があります。

・配偶者加給の受給資格のある人

①　夫が厚生年金の受給手続きをするとき、厚生年金に20年以上加入した夫に妻がいますと、その妻は「配偶者加給」の対象者になります。その場合、妻に一定額以上の所得がありますと、配偶者加給は支給されません。それを確認するため、従来は、戸籍謄本、住民票、妻の所得証明書（非課税証明書）などの添付書類が必要でした。

②　しかし、令和元年7月1日以降はマイナンバーによる「情報連携」により、戸籍謄本は必要ですが、住民票と妻の所得証明書（非課税証明書）は原則として不要になりました。

・年金受給選択申出書

①　C子さんは遺族厚生年金を受給している人です。D夫さんは、3級の障害厚生年金を受給している人です。この2人とも、ご自分の掛けた老齢厚生年金を請求できます。

②　この場合、両年金の併給ができるのは65歳になってからです。65歳まえは、ご自分の老齢厚生年金を受給するか、それともそれまで受給していた遺族厚生年金か障害厚生年金を受給するか、どちらかにしなければなりません。そのために必要なのが「年金受給選択申出書」です。

3点セットは不用になった

①　従来はサラリーマン家庭で夫が厚生年金の請求をするとき、つぎの書類が必要でした。それらは「戸籍謄本」、「住民票」、「妻の非課税証明書または所得証明書」です。以上を3点セットといっていました。

②　しかし、令和元年7月1日からマイナンバーを利用した「情報連携」により年金の手続きには、住民票と所得証明書は原則として省略可能となりました。

●厚生年金に482月加入したサラリーマンの受給手続き

氏名・生年月日	品川　一郎（昭和35年10月9日生まれ）
厚生年金に加入	482月
年金図	63歳で退職しました。

厚　生　年　金　　482月

① 年金請求書に添付する書類

　㋐ 戸籍謄本

　㋑ 老齢基礎年金支給繰上げ請求書（老齢基礎年金の繰上げ支給をする人）

② 持参する書類

　㋐ 夫、ならびに妻の基礎年金番号通知書または年金手帳

　㋑ 雇用保険被保険者証の写しまたは雇用保険受給資格者証の写し

　㋒ 預貯金通帳（年金請求書に金融機関の証明印があれば不要）

　㋓ 妻が年金を受給しているときには、その年金証書の写し

老齢年金の請求手続きをされる方へ

　厚生年金の受給年齢の3ヵ月まえになりますと、日本年金機構から「年金請求書」が届きますから、それを持参して年金事務所に行き、年金請求にどんな書類が必要かを教えてもらうと、よいでしょう。

●厚生年金と国民年金に加入した主婦の受給手続き

氏名・生年月日	年金　花子（昭和37年10月１日生まれ）
厚生年金と国民年金に加入	25年
年金図	60歳以降も会社に残ります。

国民年金　17年	厚生年金　８年

注　夫は20年以上の厚生年金を受給中です。

① 年金請求書に添付する書類

⑦ 戸籍謄本

② 持参する書類

⑦ 妻の基礎年金番号通知書

④ 雇用保険被保険者証の写し

⑰ 預貯金通帳（年金請求書に金融機関の証明印があれば不要）

㊀ 夫の年金証書の写し

Q 請求書には雇用保険の被保険者番号も記入

A 　雇用保険から「基本手当」を受給できる人は、年金請求書の所定欄に「雇用保険被保険者番号」を記入し、被保険者証のコピーを、年金請求書に添付して提出します。ただし、年金請求書の６頁の「事由書」に該当する人は、番号の記入も被保険者証のコピーも必要ありません。

〔基本手当を受給すると、特別支給の老齢厚生年金は支給停止〕

　60歳以降65歳未満の退職者に「基本手当」と「特別支給の老齢厚生年金」の２つの受給権が発生することがあります。２つの受給権が発生しても、受給できるのは基本手当で、特別支給の老齢厚生年金は支給停止でもらえません。

〔基本手当の給付日数〕

定年・自己退職	被保険者であった期間	1 年以上 10年未満		10年以上 20年未満	20年以上
	65歳未満	90日		120日	150日

倒産・解雇	被保険者であった期間	1 年未満	1 年以上 5 年未満	5 年以上 10年未満	10年以上 20年未満	20年以上
	45歳以上 60歳未満	90日	180日	240日	270日	330日
	60歳以上 65歳未満	90日	150日	180日	210日	240日

〔**基本手当受給の手続き方法**〕

求職の申込み ──── 事業主がくれたハローワーク発行の離職票を持って、離職者の居住地を管轄するハローワークへ行きます。目的は「求職の申込み」をするためです。

説　明　会 ──── 求職の申込みをしますと、ハローワークが雇用保険に関する説明会の日を指定し、その日にくるようにといいます。「説明会」は求職の申込みをした日の2〜3週間後で、その日に「雇用保険受給資格者証」を交付してくれます。

認　定　日 ──── 説明会で指定された「認定日」にハローワークに行きます。そうしますと失業の認定をし、基本手当の支給日が決まります。基本手当は28日分をまとめて金融機関の預貯金口座に振り込まれます。

受給者に届く書類、出す書類

① **年金証書**　「年金請求書」を年金事務所に提出しますと、約1〜2ヵ月後に日本年金機構から「年金証書」が届きます。年金証書の再交付はいつでもできます。そのときの提出書類が「再交付申請書」です。再交付された年金証書に記載されている年金額は、受給権発生時のものでなく、再交付時の年金額です。

② **年金決定通知書・支給額変更通知書**　年金証書発行後に繰上げ支給をしたり、在職老齢年金の支給額が変わったり、あるいは、65歳になり支給される年金の名称が変わったりしますと「国民年金・厚生年金保険　年金決定通知書・支給額変更通知書」が送られてきます。

③ **年金額改定通知書・年金振込通知書**　4月に年金額の改定が行われますと、4月、5月の年金は6月に振込まれます。それに先立って、6月の初旬になりますと、「年金額改定通知書」と、2ヵ月ごとに支給される年金の支払額と、支払日を記載した「年金振込通知書」が届きます。

④ **生計維持確認届**　配偶者加給を受給している人には、毎年誕生月に日本年金機構から「生計維持確認届」が送られてきます。その場合、所定欄に記入し、日本年金機構に返送します。

受給者に届く書類、出す書類

⑤　**扶養親族等申告書**　年金は雑所得です。年金受給者も納税義務が
あります。その申告書が「扶養親族等申告書」です。この申告書は
毎年、9月頃になりますと送られてきます。提出先は日本年金機構
です。

⑥　**65歳の年金請求書**　「特別支給の老齢厚生年金」は、65歳になり
ますと失権し「老齢基礎年金と老齢厚生年金」として支給されま
す。そのためには、改めて手続きをしなければなりません。手続き
に必要な「年金請求書（ハガキ）」は、日本年金機構から送られて
きます。

⑦　**年金受給権者 受取機関変更届**　年金は金融機関を通じて、年金
受給者に届きます。そのような仕組みになっていますから、金融機
関にとって年金口座の獲得は、大切な業務の1つです。他の金融機
関に振り込まれている年金口座の「移し替え」をするときに使用す
るのが「年金受給権者 受取機関変更届」です。

●年金証書の解説

① **基礎年金番号・年金コード**　基礎年金番号は受給者の個人番号です。年金コードは支給される年金の種類や支給される年金制度を示したものです。年金コードの「1150」は「大正15年4月2日以降に生まれた人の老齢年金」を表したものです。

② **基本額・支給停止額・年金額**　基本額とは、報酬比例部分の年金です。停止額とは、なんらかの事由で年金が支給停止になっていることを示したものです。例としては、在職老齢年金の支給停止額があります。

③ **月数**　月数は厚生年金に加入した月数ですが、炭坑で働いた人や船員の月数と被保険者月数は同一ではありません。また、厚生年金基金に加入した人は、基金に加入した月数が表示されます。

④ **平均標準報酬月額・平均標準報酬額**　平均標準報酬月額は平成15年3月以前、平均標準報酬額は平成15年4月以降の平均報酬です。

●年金額の検算はできる

① 電卓と鉛筆があれば、年金証書の年金額の検算ができます。ただし、検算ができるようになるのには、かなりの時間、年金の勉強が必要です。

② 基金加入者が受給している在職老齢年金の検算ができる人なら「年金に強い人」です。

国民年金・厚生年金保険年金証書（表面）

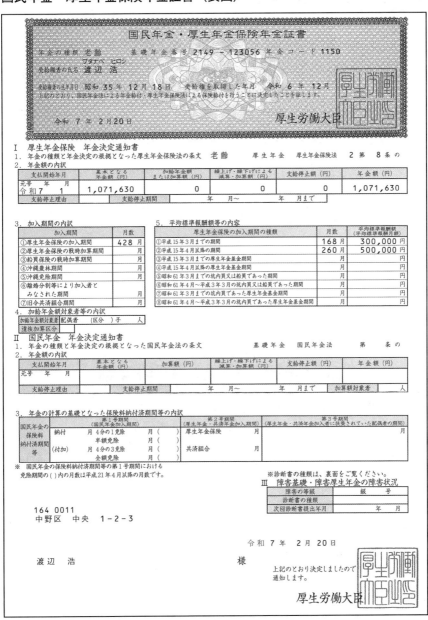

国民年金・厚生年金保険年金証書

年金の種類 老齢　　基礎年金番号 2149 － 123056 年金コード 1150

受給権者の氏名　ワタナベ ヒロシ
　　　　　　　　渡辺 浩

受給権者の生年月日 昭和 35 年 12 月 18 日　受給権を取得した年月 令和 6 年 12 月

上記のとおり、国民年金法による年金給付・厚生年金保険法による保険給付を行うことに決定したことを証します。

令和 7 年 2 月 20 日　　　　　　　　　厚生労働大臣

Ⅰ 厚生年金保険　年金決定通知書
1. 年金の種類と年金決定の根拠となった厚生年金保険法の条文　老齢　厚生年金　厚生年金保険法　2 第　8 条の
2. 年金額の内訳

支払開始年月	基本となる年金額（円）	加給年金額または加算額（円）	繰上げ・繰下げによる減算・加算額（円）	支給停止額（円）	年金額（円）
元号　年　月 令和 7　1	1,071,630	0	0	0	1,071,630
支給停止理由	支給停止期間	年　月～	年　月まで		

3. 加入期間の内訳

加入期間	月数
①厚生年金保険の加入期間	428 月
②厚生年金保険の戦時加算期間	月
③船員保険の戦時加算期間	月
④沖縄農林期間	月
⑤沖縄免除期間	月
⑥離婚分割等により加入者とみなされた期間	月
⑦旧令共済組合期間	月

5. 平均標準報酬額等の内容

厚生年金保険の加入期間の種類	月数	平均標準報酬額（平均標準報酬月額）
①平成15年3月までの期間	168 月	300,000 円
②平成15年4月以降の期間	260 月	500,000 円
③平成15年3月までの厚生年金基金期間	月	円
④平成15年4月以降の厚生年金基金期間	月	円
⑤昭和61年3月までの坑内員又は船員であった期間	月	円
⑥昭和61年4月～平成3年3月の坑内員又は船員であった期間	月	円
⑦昭和61年3月までの坑内員であった厚生年金基金期間	月	円
⑧昭和61年4月～平成3年3月の坑内員であった厚生年金基金期間	月	円

4. 加給年金額対象者等の内訳

加給年金額対象者 配偶者　（区分）　子　人
退職改定区分

Ⅱ 国民年金　年金決定通知書
1. 年金の種類と年金決定の根拠となった国民年金法の条文　基礎年金　国民年金法　第　条の
2. 年金額の内訳

支払開始年月	基本となる年金額（円）	加算額（円）	繰上げ・繰下げによる減算・加算額（円）	支給停止額（円）	年金額（円）
元号　年　月					
支給停止理由	支給停止期間	年　月～	年　月まで	加算額対象者	人

3. 年金の計算の基礎となった保険料納付済期間等の内訳

国民年金の保険料納付済期間等	第1号期間（国民年金加入期間）		第2号期間（厚生年金・共済年金加入期間）	第3号期間（厚生年金・共済加入者に扶養されていた配偶者の期間）
	納付	月 4分の1免除　月（　）	厚生年金保険　　　月	月
		半額免除　　　　　月（　）		
	（付加）	4分の3免除　　　月（　）	共済組合　　　　　月	
		全額免除　　　　　月（　）		

※ 国民年金の保険料納付済期間等の第1号期間における免除期間の（ ）内の月数は平成21年4月以降の月数です。

※診断書の種類は、裏面をご覧ください。

Ⅲ 障害基礎・障害厚生年金の障害状況

障害の等級	級　　号
診断書の種類	
次回診断書提出年月	年　　月

164 0011
中野区　中央　1－2－3

渡辺　浩　　　　　　　　　　　　　様

令和 7 年　2 月 20 日

上記のとおり決定しましたので通知します。

厚生労働大臣

（注）この年金証書は，研修用の為に作成しております。
　　年金額は令和6年度の本来水準で計算しています。

239

●年金額改定通知書・年金振込通知書の解説

　年金は年に6回、偶数月に支給されます。その場合、年金口座に振込まれる支給額は、介護保険料などを控除した額です。言ってみれば手取りの年金額です。それを明らかにしたものが「年金振込通知書」です。

　なお、控除額である介護保険料などは、年の中途でも変わることがあります。そのときは、改めて「年金振込通知書」が届きます。

基礎年金番号・年金コード番号と金融機関

① 「年金の振込は当店に」と、金融機関の年金に対する関心は深いです。この場合、「年金請求書」の手続きを代行する代わりに年金を振込んでもらう方法と、年金口座の「指定がえ」で、他店から年金を移してもらう方法とがあります。

② 「受取機関変更届（ハガキ）」で年金口座の移し替えをするときには、基礎年金番号と年金コードをハガキに記入しなければなりません。この番号は、年金額改定通知書にも、年金振込通知書にも載っています。

年金額改定通知書・年金振込通知書

国民年金・厚生年金保険　年金額改定通知書

年金の種類 老齢厚生　　　　　　　　　年金

| 基礎年金番号 | 2149 123056 | 年金コード | 1150 | 受給権者氏名 | 渡辺 浩 |

		令和 7 年 4 月からの年金額	参考：改定前の年金額（令和 7 年 3 月の年金額）
国民年金（基礎年金）	基 本 額	0 円	0 円
	支給停止額	0 円	0 円
	年 金 額	0 円	0 円
厚生年金保険	基 本 額	1,064,394 円	1,064,394 円
	支給停止額	0 円	0 円
	年 金 額	1,064,394 円	1,064,394 円
合計年金額（年額）		1,064,394 円	1,064,394 円

令和 7 年 5 月 00 日

印　影

厚 生 労 働 大 臣

(この通知書は、年金額を証するものです。大切に保管してください。)

年金振込通知書

（振込予定日）令和 7 年 6 月 00 日

以下の金額を、ご指定の預貯金口座に振り込みます。
振り込みは令和 7 年 6 月から令和 8 年 4 月までの各偶数月に行われます。（「振込予定日」は裏面をご覧ください。）

振込先 ミドリ　ナカノ　　　　　銀行・金庫・信組　支店

年金の制度・種類 厚生年金　老齢厚生　　　　　年金

| 基礎年金番号 | 2149 123056 | 年金コード | 1150 | 受給権者氏名 | 渡辺 浩 |

各支払期の支払額、年金から特別徴収（控除）する額および控除後振込額

	令和 7 年 6 月から令和 8 年 4 月の各期支払額	令和 年 月の支払額	令和 年 月の支払額	参考：前回支払額（令和 7 年 4 月の支払額）
年金支払額	177,399 円	円	円	177,399 円
介護保険料額 ※	＊＊＊＊＊ 円	円	円	＊＊＊＊＊ 円
＊＊＊＊＊ ※	＊＊＊＊＊ 円	円	円	＊＊＊＊＊ 円
所得税額および復興特別所得税額	0 円	円	円	0 円
個人住民税額 ※	＊＊＊＊＊ 円	円	円	＊＊＊＊＊ 円
控除後振込額	177,399 円	円	円	177,399 円

※ 8月以降の年金から特別徴収する保険料等（裏面参照）の決定額は、6月と同じ額を仮に記載しています。
決定額は、市区町村から送付される通知書でご確認ください。

印　影

厚生労働省
官署支出官 厚生労働省年金局事業企画課長

※この振込通知書と改定通知書は研修用のため作成しております。
※2月の支払額は端数の関係で振込額が増える場合があります。

241

●国民年金・厚生年金保険　年金決定通知書・支給額変更通知書

①　受給権が発生したときの年金額は、年金証書で連絡があります。しかし、年金支給額が変わっても年金証書は届きません。「国民年金・厚生年金保険　年金決定通知書・支給額変更通知書」で通知が届きます。

②　年金決定通知書・支給額変更通知書はこんなときに届きます。
　㋐　繰上げ支給をしたとき。
　㋑　在職老齢年金の支給額が変わったとき。
　㋒　配偶者加給が支給停止になったとき。
　㋓　65歳になり、特別支給の老齢厚生年金が失権し、老齢基礎年金と老齢厚生年金の受給権が発生したとき。

③　次頁の「国民年金・厚生年金保険　年金決定通知書・支給額変更通知書」は、特別支給の老齢厚生年金の受給者が65歳となり、老齢厚生年金と老齢基礎年金を受給できるようになったときのものです。

④　65歳になりますと、「特別支給の老齢厚生年金」は失権をしてしまいます。そして、「老齢基礎年金」、「老齢厚生年金」が支給されるようになります。

年金決定通知書・支給額変更通知書（65歳）

国民年金・厚生年金保険　　年金決定通知書・支給額変更通知書

このたび、年金を決定または年金額を変更しましたので通知します。（決定・変更理由等は裏面でご確認ください。）

年金の種類		基礎年金番号・年金コード
	年金	2149-123056-1150

合計年金額 【(A) 厚生年金 ＋ (B) 国民年金（基礎年金）】	2,332,558 円	あなたにお支払いする年金額は、左の太ワク内の金額になります。

（A）厚生年金

1. 年金の計算の基礎となった加入期間の内訳

加　入　期　間	月数
ア　厚生年金保険の加入期間	428
イ　厚生年金保険の戦時加算期間	
ウ　船員保険の戦時加算期間	
エ　沖縄農林期間	
オ　沖縄免除期間	
カ　離婚分割等により厚生年金の被保険者とみなされた期間	
キ　旧令共済組合期間	

2. 年金の計算の基礎となった平均標準報酬額等の内訳

厚生年金保険の加入期間の種類	月数	平均標準報酬額 平均標準報酬月額 （円）
ア　平成15年3月までの期間 　（ウ．及びオ～ク．を除きます）	168	300,000
イ　平成15年4月以降の期間 　（エ．を除きます）	260	500,000
ウ　平成15年3月までの厚生年金基金期間 　（キ．及びク．を除きます）		
エ　平成15年4月以降の厚生年金基金期間		
オ　昭和61年3月までの坑内員又は船員 　であった期間（キ．を除きます）		
カ　昭和61年4月から平成3年3月までの 　坑内員又は船員であった期間（ク．を除きます）		
キ　昭和61年3月までの坑内員又は船員 　であった厚生年金基金期間		
ク　昭和61年4月から平成3年3月までの坑内員 　又は船員であった厚生年金基金期間		

3. 加給年金対象者等の内訳

加給年金対象者	配偶者 （区分3）　子　　人
遺族加算区分	
70歳（障害） 下支え加算額表示	

（B）国民年金（基礎年金）

年金の計算の基礎となった納付済期間等の内訳

国民年金の保険料納付済期間	第1期間 （国民年金加入期間） ※（ ）内の月数は平成21年4月以降の月数です。		第2期間 （厚生年金・共済等加入期間）	第3期間 （厚生年金・共済等加入者に扶養されていた配偶者の期間）
	納付　　12月　4分の1免除　　月（　　月）		厚生年金保険 428 月	月
	（付加）12月　半額免除　　　月（　　月）			
	4分の3免除　　月（　　月）		共済組合　　60 月	
	全額免除　　　月（　　月）			

【　障害基礎・障害厚生年金の障害の状況　】

障害の等級	級　号	次回診断書提出年月	年　月	診断書の種類	

この決定に不服があるときは、この決定があったことを知った日の翌日から起算して3か月以内に文書又は口頭であなたの住所地の社会保険審査官（地方厚生局内）に審査請求することができます。また、その決定に不服があるときは、決定書の謄本が送付された日の翌日から起算して2か月以内に社会保険審査会（厚生労働省内）に再審査請求することができます。
なお、この決定の取消の訴えは、審査請求の決定を経た後でないと、提起できませんが、審査請求があった日から2か月を経過しても審査請求の決定がないときや、この決定の執行等による著しい損害を避けるため緊急の必要があるとき、その他正当な理由があるときは、審査請求の決定を経なくても提起できます。この訴えは、審査請求の決定（再審査請求をした場合には、当該決定又は社会保険審査会の裁決、以下同じ。）の送達を受けた日の翌日から起算して6か月以内に、国を被告（代表者は法務大臣）として提起できます。ただし、原則として審査請求の決定の日から1年を経過したときは訴えを提起できません。

164-0011
中野区　中央　1-2-3

令和8年2月〇日

渡辺　浩　　　　様

厚生労働大臣

※この支給額変更通知書は，研修用の為に作成しております。
※年金額は令和6年度の本来水準で計算しています。

243

●配偶者加給の支給年齢が近づくと「生計維持確認届」

① 厚生年金の請求をしたとき、年金請求書の配偶者加給の欄の「はい」に○印をつけた人が配偶者加給の支給年齢になりますと、日本年金機構から「生計維持確認届」が送られてきます。

② 配偶者加給年金が加算されている人には毎年誕生月に、生計維持確認届が送られてきますが、返送しませんと、加給年金は「支給差止め」になり、受給者に届かなくなります。

生計維持確認届

●年金証書の再交付はいつでもできる

① 年金額の改定が行なわれ年金額が変わっても、あるいは配偶者加給が支給され年金額が増額されても、「年金証書」が届くわけではありません。届くのは年金額改定通知書か、支給額変更通知書です。

② しかし、受給者が「年金証書を欲しい」と望めば、いつでも年金証書の再交付をしてくれます。再交付された年金証書は受給権発生当時のものではありません。再交付をお願いした時点の年金額を記載した年金証書です。

そのとき使用するのが「年金証書　再交付申請書」です。

年金証書　再交付申請書

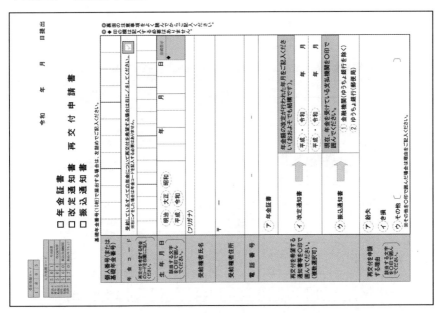

●扶養親族等申告書が届いた人は

①　9月頃になりますと、日本年金機構から「扶養親族等申告書」が届きます。この申告書を受け取った人は、所定欄に記入し、日本年金機構に返送してください。なお、扶養親族等申告書が届かなかった人は、年金に税金がかからない人です。

②　年金以外に収入のある人も、この申告書を提出してください。この人は、1月の中頃に日本年金機構から送られてくる「源泉徴収票」をつけて、確定申告をしてください。

公的年金等の受給者の扶養親族等申告書

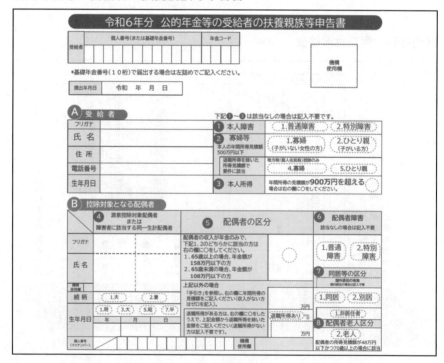

●受け取っている年金の金融機関を変えるとき

① 「年金をうちの支店に変えてください」。これが金融機関の年金のとり方です。その場合、受取機関変更届に
　⑦年金証書の基礎年金番号または［マイナンバー（個人番号）］と年金コード、⑦生年月日、⑨氏名、⑨電話番号、⑦住所、⑨変更後の受取機関（支店、預貯金種別、口座番号、口座名義（カタカナ））、を記入し、金融機関の証明印を押し、受給者の居住地を管轄する年金事務所に提出します。

② 「受取機関変更届」を年金事務所に提出しても、変更した年金口座に年金が振込まれるのには1ヵ月程度かかります。

年金受給権者　受取機関変更届（兼 年金生活者支援給付金　受取機関変更届）

●65歳の人の年金請求書（ハガキサイズ）

① 特別支給の老齢厚生年金を受給している人が「65歳」になりますと、「特別支給の老齢厚生年金」は失権をして「老齢基礎年金と老齢厚生年金」に生まれ変わります。そのため、改めて年金請求書（ハガキサイズ）を提出することになります。

② そのとき、老齢基礎年金または老齢厚生年金の「繰下げ支給」を希望する人は、年金請求書の所定欄にチェックをつけてください。

③ 老齢基礎年金と老齢厚生年金の二つの年金の繰下げ支給をする人は、このハガキを出さないでください。

年金請求書　兼　年金生活者支援給付金請求書（ハガキ・65歳）

年金請求書　兼　年金生活者支援給付金請求書	令和△△ 年 △△ 月 △△ 日 提出
この枠内は記入したり、汚したりしないでください。	加給年金額対象者内訳 配偶者　　子　　人

下記の加給年金額の対象者は、私が生計を維持していることを申し立てます。

受給権者・加給年金額対象者	受給権者	住 所		電話番号		
		フリガナ		配偶者	フリガナ	
		氏 名			氏 名	
		生年月日			生年月日	
	子	フリガナ		子	フリガナ	
		氏 名			氏 名	
		生年月日	障害		生年月日	障害

希望する年金の受取方法について下枠内のいずれかをチェックしてください。

受取方法欄	1	✓	**基礎**年金・**厚生**年金を両方65歳から受け取る	・今回受け取らなかった年金は75歳までに別途、請求手続きが必要です。 ・左記の1または2を選択した方は年金生活者支援給付金を請求することになります。
	2	✓	**基礎**年金のみ65歳から受け取る（厚生年金は繰下げ予定）	
	3	✓	**厚生**年金のみ65歳から受け取る（基礎年金は繰下げ予定）	
	4	✓	66歳以降に年金を（繰下げ）請求予定 ※はがきの提出は不要です。	

各種年金問合せ先

名　　称	電　話	所　在　地	
ねんきんダイヤル	0570-05-1165	〒168-8505	杉並区高井戸西3-5-24
厚生労働省年金局	03-5253-1111	〒100-8916	千代田区霞ヶ関1-2-2
企業年金連合会	0570-02-2666	〒105-8772	港区芝公園2-4-1
農業者年金基金	03-3502-3199	〒105-8010	港区西新橋1-6-21
全国国民年金基金	0120-65-4192	〒107-0052	港区赤坂8-1-22
日本鉄道共済組合	045-222-9512	〒231-8315	横浜市中区本町6-50-1
エヌ・ティ・ティ企業年金基金	0120-372-547	〒101-0047	千代田区内神田3-6-2
日本たばこ産業共済組合	03-6634-3120	〒105-0021	港区東新橋2-14-1
農林漁業団体職員共済組合	03-6260-7813	〒110-8580	台東区秋葉原2-3
国家公務員共済組合連合会	03-3265-8155	〒102-8082	千代田区九段南1-1-10
地方公務員共済組合連合会	03-6807-3677	〒100-0011	千代田区内幸町2-1-1
地方職員共済組合	03-3261-9850	〒102-8601	千代田区平河町2-4-9
公立学校共済組合本部	03-5259-1122	〒101-0062	千代田区神田駿河台2-9-5
警察共済組合本部	03-5213-7570	〒102-8588	千代田区三番町6-8
日本私立学校振興・共済事業団	03-3813-5291	〒113-8441	文京区湯島1-7-5
総務省政策統括官（恩給担当）	03-5273-1400	〒162-8022	新宿区若松町19-1

年齢早見表

令和6年（西暦2024年）　（昭和99年）

年　号	西暦	年齢	年　号	西暦	年齢	年　号	西暦	年齢
大正5	1916	108	昭和29	1954	70	平成3	1991	33
6	1917	107	30	1955	69	4	1992	32
7	1918	106	31	1956	68	5	1993	31
8	1919	105	32	1957	67	6	1994	30
9	1920	104	33	1958	66	7	1995	29
10	1921	103	34	1959	65	8	1996	28
11	1922	102	35	1960	64	9	1997	27
12	1923	101	36	1961	63	10	1998	26
13	1924	100	37	1962	62	11	1999	25
14	1925	99	38	1963	61	12	2000	24
大正15 昭和1	1926	98	39	1964	60	13	2001	23
2	1927	97	40	1965	59	14	2002	22
3	1928	96	41	1966	58	15	2003	21
4	1929	95	42	1967	57	16	2004	20
5	1930	94	43	1968	56	17	2005	19
6	1931	93	44	1969	55	18	2006	18
7	1932	92	45	1970	54	19	2007	17
8	1933	91	46	1971	53	20	2008	16
9	1934	90	47	1972	52	21	2009	15
10	1935	89	48	1973	51	22	2010	14
11	1936	88	49	1974	50	23	2011	13
12	1937	87	50	1975	49	24	2012	12
13	1938	86	51	1976	48	25	2013	11
14	1939	85	52	1977	47	26	2014	10
15	1940	84	53	1978	46	27	2015	9
16	1941	83	54	1979	45	28	2016	8
17	1942	82	55	1980	44	29	2017	7
18	1943	81	56	1981	43	30	2018	6
19	1944	80	57	1982	42	平成31 令和1	2019	5
20	1945	79	58	1983	41	2	2020	4
21	1946	78	59	1984	40	3	2021	3
22	1947	77	60	1985	39	4	2022	2
23	1948	76	61	1986	38	5	2023	1
24	1949	75	62	1987	37	6	2024	0
25	1950	74	63	1988	36			
26	1951	73	昭和64 平成1	1989	35	○年齢は誕生日以後の満年齢		
27	1952	72	2	1990	34	○誕生日前の場合は1を減ずること		
28	1953	71						

編者プロフィール

株式会社　服部年金企画

公的年金について、①社会保険労務士会・社会保険労務士への研修、②金融機関職員・生命保険外交員への年金基礎研修および業務推進研修、③一般企業での退職セミナー・総務向けセミナー、④個人向け研修、⑤外国年金の請求手続き、⑥特定契約者との電話年金相談、⑦障害年金サポート、⑧提携企業等との社会貢献支援事業、⑨年金関連図書販売事業、等を行っている。出版物には「公的年金のしくみ」「年金の取り方と年金の手続き」（服部年金企画）等多数。

■所在地

〒164-0011
東京都中野区中央3-13-11 MGビル405号
TEL：03-6427-8688
FAX：03-5348-6550
http://www.hattori-nenkin.co.jp

2024年6月改訂版
60歳を迎えた人の 厚生年金・国民年金Q＆A
―繰上げ支給から在職老齢年金まで―

2005 年 6 月	初版第 1 刷発行
2024 年 7 月 29 日	改訂版第 1 刷発行

編　　　者	㈱服部年金企画
	東京都中野区中央 3-13-11　MGビル405号
	電話　03(6427)8688
発 行 者	延對寺 哲
発 行 所	株式会社ビジネス教育出版社
	東京都千代田区九段南 4-7-13
	電話　03(3221)5361／FAX03(3222)7878
印刷・製本	日本フォトケミカル株式会社

落丁、乱丁はお取替えいたします。
無断転載・複製は禁じます。

ISBN978-4-8283-1095-4　C0036　￥1800E

※本書に関するお問い合わせは㈱服部年金企画までファックス（03-5348-6550）にてお願いいたします。